W0002099

Andrea Schwarz

Ich bin Lust am Leben

Andrea Schwarz

Ich bin Lust am Leben

Mit Widersprüchen leben – Spannungen aushalten

Herder Freiburg · Basel · Wien

Siebte Auflage

Satz: Fotosetzerei G. Scheydecker, Freiburg im Breisgau
Herstellung: Freiburger Graphische Betriebe 1999
Gedruckt auf umweltfreundlichem,
chlorfrei gebleichtem Papier
ISBN 3-451-22640-5

DER WIND WILL SIE BEFREIEN,
DER BAUM HÄLT SIE FEST:
DAS BÜNDNIS BEIDER KRÄFTE
DIE BLÜTEN TANZEN LÄSST.

Tagore

Vorwort

Das Paradoxe an einem „Vorwort“
in einem Buch ist wohl,
daß der Schriftsteller es am Schluß schreibt –
und der Leser es zu Beginn liest.
Was für den einen der Beginn ist,
bedeutet für den anderen den Abschluß
eines Prozesses.
Der Anfang ist zugleich das Ende,
das Ende der Anfang.
Das ist nicht verrückt,
sondern das ist normal.
Und genau davon handelt dieses Buch.

Wer bin ich eigentlich?

Diese Frage ist wohl eine der schwierigsten Fragen, die ein Mensch sich stellen kann. Und ich bin mir gar nicht sicher, ob sie überhaupt beantwortbar ist. Vielleicht kann ich selbst nur erahnen, wer und was ich bin. Wenn ich mich verstehen will, stoße ich an Grenzen. Und das ist schmerzhaft und notwendig zugleich.

Eine Grenze bin ich selbst. Ich nehme mich nur ausschnitthaft wahr, nur ein Teil ist meinem Bewußtsein, meinem Nachdenken über mich selbst zugänglich. Anderes erkenne ich nicht, weil es mir so sehr zu eigen ist, daß ich es schon gar nicht mehr wahrnehme. Dazu gehören Verhaltensweisen und -muster genauso wie unbewußte Werte oder Normen. Manches davon ist für andere sichtbar, so wie der sprichwörtliche Fussel auf meinem Rücken, den andere deutlich sehen. Dazu gehört zum Beispiel meine Angewohnheit, bei intensivem Nachdenken einen Finger an den Mund zu legen oder die Stirn kraus zu ziehen. „Nur die Fische wissen nicht, daß es Wasser ist, in dem sie schwimmen“, so sagt eine alte östliche Weisheit. Es gibt Grenzen in mir selbst auf die Frage: Wer bin ich eigentlich?

Und zugleich ist diese Frage nach meiner Identität nur durch „Grenzziehungen“ und „Landnahme“ zu beantworten. Es ist die Frage: Was bin ich, und was bin ich nicht? Ich beschreibe mir Eigenes und mir Fremdes; ich sage, so bin ich, und so bin ich nicht, das kann ich, und das kann ich nicht. Ich beschreibe mich und ziehe eine

Grenze. Es ist eine Grenze zwischen mir und den anderen, zwischen mir und meiner Umwelt – und durch diese Grenze werde ich klarer, faßbarer, begreifbarer. Ich beschreibe mich, indem ich sage, was ich bin, was ich kann, was meine Grenzen sind – und bekomme gerade dadurch Profil. Aus etwas Formlosem entsteht eine Form, in der es ein Innen und Außen gibt, ein Diesseits und Jenseits der Grenze.
Es gibt ein schönes altes deutsches Wort für diesen Prozeß: scheiden. Es wird geschieden, und dabei wird das je Eigene deutlicher, weil das „andere" getrennt wird, zurückbleibt, sich ablöst. Auch Gold muß „geschieden" werden, um rein zu sein.
In unserer Sprache finden wir das Wort heute noch in den Wörtern „unterscheiden" und „entscheiden". Durch Unterscheidungen und Entscheidungen wird das Eigene deutlicher, wird klarer, wer ich bin – und ist zugleich eine Entscheidung gegen etwas, das mich von anderem trennt. Meine Entscheidung für ein Studium, für einen Beruf beschreibt mich, legt mich aber auch fest und verunmöglicht anderes. Jede Entscheidung, die ich bewußt oder unbewußt treffe, jede Bindung, die ich eingehe, macht mich reicher und ärmer zugleich. Jede Wegkreuzung, an die ich im Laufe meines Lebensweges komme und an der ich mich für eine Richtung entscheiden muß, bedeutet zugleich, daß ich einen anderen Weg nicht gehen kann. Vorwärtskommen werde ich aber nur, wenn ich mich entscheide. Das unschlüssige Herumstehen an Wegkreuzungen bringt mich nicht weiter.
Identität ist damit immer eine „Doppelaussage": Das bin ich, und das bin ich nicht. Erst das gibt mir ein Gesicht, macht mich sichtbar und erkennbar für den anderen, macht mich begreifbar, damit aber auch angreifbar. Wenn ich Entscheidungen treffe, eindeutig bin, Grenzen

ziehe, kann der andere mich greifen. Verschwimme ich dagegen vieldeutig im „Alles und Nichts", lege mich nicht fest, um nicht festgelegt zu werden, vermeide Entscheidungen, dann bleibe ich un(be)greifbar für den anderen. Dann kann man mich zwar nicht angreifen – aber ich werde auch nicht berührt werden können.
So wie mich meine Haut von anderen Menschen trennt, die absolute Verschmelzung verhindert, mich begrenzt und damit auch „vereinsamt", so ist doch gerade die Haut gleichzeitig das Körperorgan, das mich die Berührungen des anderen wahrnehmen und empfangen läßt. Erst meine Grenzen lassen Berührungen zu. Das, was mich von anderen unterscheidet und trennt, macht mich überhaupt erst fähig, wirklich Beziehung aufzunehmen, und verbindet dadurch.
Deshalb kann ich auch meine Identität nicht allein zu Hause im stillen Kämmerlein finden, sondern ich brauche die Auseinandersetzung mit den Menschen und der Welt. Ich brauche den anderen Menschen, um an ihm Gemeinsames und Unterscheidendes zu entdecken: So bin ich auch, und so bin ich nicht! Erst dadurch kann ich zum „Ich" werden, „ich" sagen. Ich brauche das Du, das andere, um ich sein zu können. Wären alle so wie ich, wäre ich niemand. Ich kann nur „ich" sein, weil es andere gibt, die anders sind als ich. Buber sagt dazu: „Der Mensch wird am Du zum Ich." Erst das Unterscheidende macht das je Eigene deutlich: etwas Schwarzes vor einem schwarzen Hintergrund ist nicht erkennbar. Diese Einzigartigkeit jedes einzelnen Menschen scheint „gewollt" zu sein – kein Fingerabdruck gleicht dem anderen.
Manche Menschen scheinen vor einer solchen Einzigartigkeit Angst zu haben. Sie schwimmen mit im Strom, richten sich nach den anderen, erkennen Unterschiede

nicht an. Vielleicht ahnen sie darum, daß der Weg des Unterscheidens immer auch Einsamkeit bedeutet. Damit aber vermeiden sie auch die Begegnung, die wirkliche Begegnung mit anderen *und* mit sich selbst. Eine Identität zu entwickeln, „jemand" zu sein, bedeutet immer auch, einen Schritt in die Einsamkeit zu gehen. Je klarer ich mir über mich werde, desto deutlicher wird mir auch das, was mich von den anderen unterscheidet und trennt.

Durch das Wörtchen „wird" deutet Martin Buber aber auch an, daß Identität Dynamisches, Sich-Entwickelndes, Werdendes ist. Ich kann eine Identität nicht „haben" wie ein Paar Schuhe oder eine Hose. Ich kann nur versuchen, identisch mit mir „zu sein" und immer wieder neu zu „werden". In dem Moment, wo es statisch, festgeschrieben wird, ist es schon wieder vorbei. Und ich kann vielleicht auch nur punktuell identisch mit mir selbst sein – für einen Moment erahnen, wer ich eigentlich bin, um mich wieder neu auf die Suche nach mir zu machen.

Leben

Unruhig
machen die hellen
Nächte des Sommers

ich spüre es
wachsen

und weiß nicht
wohin

Sein und Werden

Meine Grenzen beschreiben mich zwar, begrenzen mich zugleich aber auch. Um Entwicklung und Wachstum in mir möglich zu machen, ist es notwendig, immer wieder meine Grenzen auch zerfließen zu lassen, sie aufzuheben, zu überqueren, vielleicht sogar auch einmal zu überschreiten: etwas ausprobieren, was ich noch nie getan habe; mich auf einen Menschen einlassen, der mir fremd ist; die verrückten Ideen in mir endlich einmal tun.

Lebendigkeit hat etwas mit „sein“ *und* „werden“ zu tun. Setzte ich immerfort nur Grenzen, so würde ich mich mit der Zeit allmählich selbst einmauern, da würde aus Stabilität Starrheit, aus Begreifbarkeit Unangreifbarkeit, aus einem Gartenzaun würde eine Mauer.

Ich bin gefragt, immer wieder einmal zu überprüfen, ob meine Grenzen noch stimmen, ob es nicht an der Zeit ist, Grenzen zu verändern – und vielleicht auch einmal darüber hinweg zu steigen. Meine Grenzziehung stimmt immer nur für eine bestimmte Lebenssituation – wenn sich meine Lebenssituation verändert, werde ich auch andere, neue Grenzen ziehen müssen. Bleiben meine Grenzen gleich, obwohl sich meine Lebensumstände ändern, dann sterbe ich bei lebendigem Leib, dann werden meine notwendigen Grenzen zu Todesfallen.

Wenn Identität Grenzziehung und „sein“ bedeutet, so heißt Wachstum „Grenzen überqueren“ und „werden“.

Es braucht beides in meinem Leben: das Ziehen von Grenzen und das Überschreiten dieser Grenzen. Und damit werde ich zu einem Grenzgänger zwischen Hier und Dort, Gestern und Morgen, Sein und Werden.

Grenzgänger

Grenzen ziehen
um mich nicht
zu verlieren

Grenzen überqueren
um mich
zu finden

Spannung zeugt Leben

Damit die Lebendigkeit in mir wohnen kann, damit ich sein und werden kann, braucht es beides: Grenzen setzen und Grenzen aufheben oder überqueren. Und mit dieser scheinbaren Widersprüchlichkeit zieht die Spannung in mein Leben ein. Das gilt nicht nur für dieses Begriffspaar: Ich suche die Geborgenheit in einer Partnerschaft – und habe manchmal doch Angst, mich darin zu verlieren. Ich möchte Ruhe – und habe doch auch Lust auf Begegnung und Herausforderung. Ich will das Neue – und will zugleich das Vertraute nicht loslassen. Traum und Realität streiten miteinander.
Ich fühle mich hin- und hergerissen zwischen dem einen und dem anderen, kann mich nicht entscheiden und verstehe mich selbst nicht mehr. Was will ich denn nun eigentlich wirklich? Gelegentlich bin ich schon schier verzweifelt an diesen Gegensätzlichkeiten, die in mir sind. Diese Spannung hat mich manchmal fast zerrissen, weil ich immer davon ausging, daß ich mich für das eine *oder* das andere entscheiden müßte. Erst dadurch aber wurde es schwierig, denn ich konnte und wollte von dem „jeweils anderen" keinen Abschied nehmen.
Es hat lange gedauert, bis ich gemerkt habe, daß ich mir dieses Problem selbst mache. Befreit hat mich die Erkenntnis, daß *beides* in mir leben und sein darf. Wenn ich das Wörtchen „und" zwischen solche scheinbaren Widersprüche setze, ergibt sich plötzlich ein neuer Sinn. So wie „Sein" und „Werden" zwei scheinbar gegensätz-

liche Pole sind, die doch beide zu meinem Leben gehören, so gehören auch alle anderen Gegensatzpaare jeweils beide in ihrer Poligkeit zu mir, wenn auch manchmal in unterschiedlicher Intensität.
Mehr noch: es braucht diese Gegensätze in mir, damit Leben lebendig bleibt. Erst die Spannung, der Wechsel, die Beziehung zwischen den beiden „Polen“ schafft Leben. Aus der technischen Welt ist der elektrische Strom ein schönes Beispiel dafür: Es braucht einen Positiv- und einen Negativpol, damit Strom fließen kann. Der Positivpol ist deshalb nicht wichtiger als der Negativpol. Ohne den anderen Pol ist der eine gar nichts. Ein Pol braucht den anderen, um sein zu können, und wirkt zugleich auf ihn ein – zieht ihn an und stößt ihn ab –, und eben dadurch wird die Balance, das Gleichgewicht, erreicht. Reduziere ich das Leben auf einen Pol, dann fließt kein Strom mehr, ist keine Spannung mehr da, aus der heraus Leben wachsen kann.
Problematisch ist es, die Pole zu bewerten, in „gut“ und „schlecht“ aufzuteilen. Zärtlichkeit, Glück, Begegnung dürfen in meinem Leben wohnen – aber Zorn, Trauer, Einsamkeit sind nicht erwünscht. Damit nehme ich die Poligkeit aus meinem Leben heraus, die Spannung sackt ab, und durch die „Entwertung“ des Gegenpols mache ich den einen Pol kleiner.
Das eine und das andere darf in mir sein. Und solange beides in mir lebt, bin ich lebendig. Tot bin ich dann, wenn es nur noch eines in meinem Leben gibt, wenn die Spannung aufgehoben ist, es grabesruhig in mir geworden ist. Nicht die Spannung an sich ist problematisch, sondern der Versuch, diese Spannung verneinen oder verdrängen zu wollen.
Manchmal gerate ich in die Versuchung, mich allein „statisch“ zu beschreiben: „Ich bin so und so …“ Die

Verführung dazu liegt in der scheinbaren Eindeutigkeit, der vermeintlichen Sicherheit, die dadurch zu entstehen scheint. Eine solche Beschreibung aber wird meiner Lebensrealität nicht gerecht. In mir ist der Wunsch nach Nähe und Distanz, nach Ruhe und Bewegung, nach Neuem und Vertrautem. Eine „dynamische“ Aussage über mich nimmt meine Beziehung zu beiden Polen wahr und versucht, sie differenziert zu beschreiben.
Hilfreich finde ich das Bild der Ellipse: Sie hat zwei Brennpunkte, um die eine Linie führt. Die Punkte auf dieser Linie sind jeweils unterschiedlich weit von den beiden Brennpunkten entfernt. Folgendes mag sich mathematisch anhören, macht aber auch lebensmäßig Sinn: Die *Summe* der Entfernungen eines Punktes auf der Ellipse zu beiden Brennpunkten ist immer gleich. Wenn ich in Gedanken auf der Linie um diese beiden Brennpunkte herumwandere, bin ich mal näher, mal weiter von dem einen und dem anderen Brennpunkt entfernt – und mitten in diesem Wechsel bleibt doch etwas konstant, nämlich die Summe dieser beiden Entfernungen. Das ist der Punkt, an dem es scheinbar verrückt zu werden beginnt: Mitten in der Bewegung gibt es etwas „Dauerhaftes“. Der scheinbare Wechsel gehorcht einer inneren Ordnung.

Vom Maß der Dinge ...

In der Regel ist es erst das Maß, die Menge, die Intensität einer Sache, die darüber entscheidet, ob sich etwas als heilsam auswirkt oder lebensbedrohend wird. Freiheit ist ein wichtiger Lebenswert für den Menschen – solange sie nicht in Zügellosigkeit ausartet. Sensibilität ist hilfreich, solange sie nicht zur Überempfindlichkeit wird. Sparsamkeit kann zum Geiz werden, Treue zur Abhängigkeit, Wut kann zur sinnlosen Zerstörung führen.
In Maßen ist alles sinnvoll – es kommt auf die „Dosis" an. Erst das „Zuviel" ist schädlich, das „Zuviel", das das andere nicht mehr zum Zug kommen läßt.
Manchmal kann ich „das Maß" erst erkennen, wenn ich es überschritten habe. Ich habe über meine Kräfte hinaus gearbeitet, habe zugehört, Außenkontakte gehabt, jetzt brauche ich Stunden, Tage, an denen ich nichts mehr von außen an mich herankommen lassen darf. Oder ich war einem Menschen so nah, daß es jetzt wieder einen Schritt in die Distanz braucht.
Lebe ich zu lange und zu intensiv nur in eine Richtung des Lebens, dann zieht das oft die Gegenbewegung nach sich. Bedingungslose Liebe kann zu Haß werden, Konsum kann plötzlich in absolute Askese, den totalen Verzicht, umschlagen, Karrieretypen steigen aus.
Ich denke, daß die Balance wichtig ist, die Balance zwischen den beiden Polen. Es mag Zeiten geben, in denen es notwendig ist, das „Äußerste" zu leben. Dann aber muß ich auch wieder den Gegenpol in meinem Leben

wahrnehmen und ihn stärken. Für meine eigene Entwicklung finde ich es hilfreich, darauf hinzuschauen, was lebe ich in welchem Maß – und was ist mir im Moment gerade aus dem „Blick“ geraten? Um das Gleichgewicht wiederzufinden, kann es wichtig sein, den Pol zu leben, der bisher bei mir zu wenig vorkommt.
Nähe braucht die Distanz, mein „Ja“ braucht das „Nein“, Zärtlichkeit ist ohne Zorn weniger wert. Es kommt immer auf das Maß an. Aber es braucht beides.

„Alles ist eins und eines ist alles" *

Vor einiger Zeit leitete ich mit einem Freund zusammen ein Wochenendseminar in einer Studentengemeinde. Wir hatten lange überlegt, welche Frage aus dem „studentischen Leben" wir in diesem Seminar aufgreifen könnten, und entschieden uns schließlich, zusammen mit den Teilnehmern der Situation nachzuspüren, die insbesondere zu Semesterbeginn immer wieder auftaucht: „Sich fremden Gruppen nähern." Um nicht nur in einer vertrauten Gruppe über dieses Thema zu sprechen und nachzudenken, luden wir zu diesem Seminar auch Teilnehmer aus „fremden Gruppen" ein, die sich wiederum untereinander kannten. Dabei leitete uns der Gedanke, daß die Begegnung zwischen zwei fremden Gruppen jeweils die Identität der einzelnen Gruppen sowohl stärken als auch bereits wieder verändern würde.
Bei der Vorbereitung ging mir plötzlich „ein Licht auf". Mir wurde klar, daß für mich eine Anfangssituation in einer fremden Gruppe eigentlich eine vertraute Situation ist, da ich beruflich oft mit mir fremden Gruppen arbeite. Ich kenne das gut, die Spannung vor der ersten Begegnung, die Unsicherheit, den Reiz des Neuen, die Angst, die Suche nach einem Halt. Das Fremde ist mir vertraut.
Und gleichzeitig erinnerte ich mich daran, daß mir das Vertraute manchmal so fremd zu sein scheint: An einem

* Titel eines Liedes der Gruppe „Zeitenwende"

Menschen, den ich doch so gut zu kennen glaubte, nehme ich plötzlich etwas ganz Neues wahr. In einer mir neuen Situation entdecke ich Gefühle und Gedanken in mir, die ich noch gar nicht kannte. Und manchmal geschieht es mir sogar, daß ich einer ganz vertrauten Situation, unzählige Male schon erlebt, plötzlich distanziert gegenüberstehe und mir das alles ganz fremd vorkommt. Das mir Vertraute hat auch immer wieder etwas Fremdes in sich, die Begegnung mit dem Fremden kann vertraut sein.

Fremd und vertraut – gar nicht auseinanderhaltbar? Vielleicht lassen sich die Grenzen gar nicht so genau ziehen, wie ich es eigentlich gerne hätte? Stimmte möglicherweise die Trennung gar nicht, die mir zu meiner eigenen Sicherheit geholfen hätte – hier das eine, da das andere?

In diesem Moment begann ich etwas zu ahnen: Beide Gegensätze umfassen, umgreifen sich, bilden miteinander erst das harmonische Ganze. Und zugleich ist im einen jeweils auch schon ein Teil des anderen – und sei es nur dadurch, daß es den Gegensatz dazu *gibt.* In mir wohnt ein Teil dessen, von dem ich eigentlich meinte, mich zu unterscheiden.

Die Mitte der Nacht ist der Anfang des neuen Tages, Sterben ist Geburt – und Geburt ist schon Sterben. Das Chaos hat seine eigene Ordnung – in jede Ordnung brechen Elemente des Chaos herein. Das Suchen kann Finden sein – und das Finden kann Suche bedeuten. Der Weg ist das Ziel – und das Ziel ist Unterwegssein.

Richtig und falsch

Bei einem Seminar zu dem Thema dieses Buches sammelten wir in einer Kurseinheit verschiedene Möglichkeiten, mit Spannung umzugehen. Die Palette der Vorschläge war groß: vom Bergsteigen und dem Fahrradfahren über das Streiten und Konfrontieren bis hin zum Verdrängen und sich vor dem Problem verstecken.
Daß ich alle diese Möglichkeiten auf ein großes Plakat schrieb, stieß auf den Protest einer Teilnehmerin: „Ein Kamillebad löst doch meine Spannung nicht!“ sagte sie, etwas befremdet. „Für dich vielleicht nicht, aber für andere möglicherweise schon!“ erwiderte ich.
Auf der Heimfahrt dachte ich noch einmal über diesen Wortwechsel nach. Zugegeben – meine Sache wäre ein Kamillebad in solch einer Situation auch nicht unbedingt. Aber wenn es für jemand anderen seine Art und Weise ist, besser solche Spannungen auszuhalten, warum denn nicht? Und – so fiel mir dabei noch ein – manchmal mag es notwendig sein, vor einem Übermaß an Spannung auch zu fliehen, weil ich im Moment vielleicht nicht die Kraft habe, mich ihr zu stellen.
Beim Nachdenken wurde mir klar, daß solche Begriffe wie „richtig“ und „falsch“ auf das Leben eines Menschen kaum anwendbar sind. Das Kamillebad ist genauso richtig oder falsch wie das Streiten oder das Fahrradfahren. Was für den einen richtig sein mag, ist für den anderen in dessen Situation absolut falsch; was in diesem Moment angebracht ist, ist im nächsten schon wieder unangemessen.

Was das Leben betrifft, gibt es keine objektiv richtige oder falsche Lösung. Das Leben ist keine Rechenaufgabe, in der „2+2=4" ist. Manchmal ist es eben auch die „5", die beim Leben dabei herauskommt.
Ein anderes Wort kommt mir in den Sinn: „Stimmig". Die Art und Weise, wie ich mit einem Problem, einer Frage, mit solcher Spannung umgehe, muß stimmig sein, sollte das ausdrücken, was im Moment in mir ist und lebt. Es sollte mir entsprechen, sollte meine Art zu leben widerspiegeln. Jeder muß finden, was „seins" ist.
Und „richtig" in einem übertragenen Sinn ist dann möglicherweise das, was stimmig ist, was „paßt" – zu diesem Menschen, zu dieser Situation, zu diesem Zeitpunkt.

Eine neue Welt entsteht

Wenn ich von einer Idee fasziniert bin, dann trage ich sie oft lange mit mir herum. Ich konfrontiere das mir Vertraute und Bekannte mit diesem aufregend Fremden und Neuen, prüfe, ob der neue Gedanke den Erfahrungen standhält. Und manchmal erlebe ich, wie eine Idee durch eine solche Auseinandersetzung wächst und sich entwickelt, andere Antworten ermöglicht, neue Fragen hervorbringt und immer mächtiger ins Leben drängt.
Gelegentlich machen solche Ideen dann auch vor der Bibel nicht halt. Dann lese ich diese großen Texte plötzlich „mit anderen Augen“ – und altvertraute Erzählungen rücken unter diesem Akzent plötzlich in ein so neues Licht, daß sie mir wieder aufregend fremd werden.
Zugegeben, ich bin vorsichtig mit solch einem unkonventionellen und untheologischen Zugang zu den biblischen Texten. Ich erhebe keinen Anspruch auf Wahrheit, zu groß ist die Gefahr, daß ich in die Texte das hineininterpretiere, was ich eben gerade hören mag, der Größe dieser Texte nicht gerecht werden kann. Und doch – irgend etwas reizt mich daran, solche Texte in meine momentane Situation hereinzuholen, sie auch mit einer neuen Idee meines Lebens einmal zu konfrontieren.

Aufmerksam geworden für das Thema „Spannungen und Unterschiede“, eröffnete sich mir vor einiger Zeit ein ganz neuer Zugang zu der Geschichte von der Erschaffung der Welt (Gen 1,1 – 2,4a). Diese Erzählung ist aus meiner Sicht eine der schönsten der Bibel. Allerdings

habe ich auch einige Zeit gebraucht, um zu verstehen, daß dieser eher mythische Text nicht im Widerspruch zu naturwissenschaftlichen Erklärungen der Entstehung der Welt steht. Er ist auf einer anderen Ebene wahr, so wie ja z.B. auch Märchen Erfahrungen der Menschen weitersagen wollen und nicht wortwörtlich so geschehen sind.
Der allererste Satz dieser Erzählung und damit der Bibel überhaupt greift schon einen Unterschied auf: „Im Anfang schuf Gott Himmel und Erde …“ Nicht nur die Erde wird erschaffen, sondern auch ihr „Gegenstück“ und ihre Ergänzung, der Himmel.
„… die Erde aber war wüst und wirr, Finsternis lag über der Urflut, und Gottes Geist schwebte über dem Wasser.“ Diese Urflut, das „Tohuwabohu“, ist das „ungeordnete Chaos kosmischer Kräfte und Elemente“ (Lexikon für Theologie und Kirche), in dem bereits alles enthalten ist, was zur Entstehung der Welt notwendig ist. Gott braucht nichts hinzuzufügen oder wegzunehmen, er muß lediglich das Chaos neu ordnen, das eine vom anderen (unter-)scheiden, damit eine neue Welt entstehen kann. Und von solchen „Scheidungen“ sind die ersten drei Schöpfungstage bestimmt. Am ersten Tag scheidet Gott das Licht von der Finsternis, am zweiten Tag scheidet er das Wasser oberhalb von dem unterhalb des Gewölbes, am dritten schließlich trennt er Land und Meer.
Solche Unterscheidungen schaffen Gegensätze: Licht und Finsternis, Meer und Land. Gott aber bevorzugt nicht das eine oder das andere, es braucht beides. Und so stattet er in den drei darauffolgenden Schöpfungstagen jeweils beide „Pole“ entsprechend aus. Am vierten Tag erschafft Gott die Lichter für Tag und Nacht, am fünften Tag die Seetiere und die Vögel, am sechsten Tag schließlich die Landtiere und den Menschen, „als Mann und Frau schuf er sie“.

„So wurden Himmel und Erde vollendet und ihr ganzes Gefüge.“ Gott vollendet sein Werk, *indem* er am siebten Tage ausruht – zur Erschaffung einer neuen Welt gehört neben einer Zeit des „Schaffens“ auch das Ausruhen und das Sein in der Harmonie, der Balance.
Mir fällt ein Dreiklang auf: Eine neue Welt entsteht durch Unterscheiden, Ausstatten und Sein. Überrascht halte ich inne: Das ist eigentlich männliches, weibliches und göttliches Prinzip. Männlich – das ist das Konfrontierende, beim Namen Nennende, Scheidende. Weiblich, das ist das Integrierende, Versöhnende, Ausstattende. Beide Prinzipien sind nicht an Männer oder Frauen gebunden – beides wohnt in beiden Geschlechtern, wird nur jeweils verschieden gelebt, unterschiedlich gewichtet. Das göttliche Prinzip, das Sein, aber integriert beides und ist zugleich mehr, weil es ein „männlich-weiblich“-Denken zugleich durch einen ganz anderen Gegensatz, das „Gott-Sein“ aufhebt. Und, das mag sich paradox anhören, aber: Zugleich ist in „Gott“ wiederum sein Gegensatz „Mensch“ aufgehoben und integriert, weil Gott diesen Gegensatz erst schafft. Der Mensch ist in Gott und ihm zugleich ein Gegenüber.
Spannend finde ich, daß der Schöpfungsbericht, so verstanden, seine Entsprechung in einer ganz anderen Geschichte findet, die wiederum von der Entstehung einer neuen Welt erzählt, der Ankündigung des Jüngsten Gerichts (Mt 25,31–33). Wiederum steht dort die „(Unter-)Scheidung“ im Vordergrund, die einen kommen zur Linken, die anderen zur Rechten. Indem neu geschieden wird, wird mit dem Jüngsten Gericht eine neue Welt geschaffen. Sie wird anders wird als die bestehende Welt, einfach dadurch, daß dann andere Strukturen, andere Unterscheidungsmerkmale wichtig werden. Der Himmel wird eine neue Welt sein.

Chaos und Ordnung

Es gibt Zeiten in meinem Leben, in denen das Chaos hereinbricht. Da fällt ein Teil meiner Welt in Scherben, ich verliere den Boden unter den Füßen, falle ins Dunkle, Leere hinein. Ich bin ratlos, ohnmächtig, weiß nicht mehr weiter. Es sind Zeiten, in denen Träume nicht mehr lebendig sind und die Hoffnung mich verlassen hat. Ich bin nur noch Schmerz und Wunde, Verlassenheit und Trauer.
Manchmal sind äußere Anlässe die Ursache für solche Zeiten: eine Beziehung scheitert, ein mir nahestehender Mensch stirbt, eine Entscheidung durchkreuzt meine Pläne.
Manchmal aber kommen solche dunklen Stunden auch aus mir heraus, ohne daß ich im Moment einen ersichtlichen Grund dafür erkennen kann. Da kriecht auf einmal die Unsicherheit in mir hoch, ich verliere mein Selbstvertrauen, fühle mich kraftlos, zu keinem Schritt mehr fähig.
In solchen Zeiten ziehe ich mich von der Welt zurück. Bildlich gesprochen, schließe ich dann die Tür hinter mir ab, mache die Fensterläden zu, lasse nichts und niemanden mehr an mich heran. Und es kostet mich viel Mühe und unsagbare Energie, dann noch halbwegs eine Ordnung aufrechtzuerhalten, die meinen Tag wenigstens ein bißchen strukturiert: einkaufen, Mittagessen kochen, das dringendst Notwendige an Arbeit tun, die Post aus dem Briefkasten holen. Eine solche Stimmung kann mich

einen Abend, eine Nacht lang einholen, sie kann aber auch über Tage und Wochen hinweg andauern. Es sind dunkle und chaotische Zeiten meines Lebens.

Das Chaos ist *ein* Pol des Lebens und holt mich trotz aller Ordnungsbemühungen immer wieder ein. Und vielleicht braucht es sogar das Chaos, um Wachstum und Entwicklung überhaupt erst möglich zu machen. Psychologisch gesehen, ist das Chaos die Auflösung bestehender Strukturen, ist Krise und Tod. Das macht Angst, weil man nicht mehr weiß, wie es überhaupt noch weitergehen kann, weil all das, was mich getragen und gehalten hat, verlorengeht.

Das Chaos ist der Weg zwischen den Welten – ist die Dynamik zwischen der Statik festgelegter Ordnungen. Das Chaos ist der Übergang vom einen zum anderen. Chaos ist Tod und Krise und zugleich Anfang, Chance und Geburt. In ihm ist die neue Welt bereits grundgelegt. Und es ist eine bekannte Weisheit, daß man alte Welten verlassen muß, um neue entdecken zu können. Nur aus dem Chaos heraus, durch das Chaos hindurch können neue Welten entstehen.

Es ist eine Phase der Umwandlung und Neustrukturierung. Nur wenn sich das Alte wirklich auflöst, kann es Platz für Neues geben, so wie auch die Schmetterlingsraupe einen vollkommenen Auflösungs- und Verwandlungsprozeß durchmachen muß, um zu einem Schmetterling zu werden.

Das Chaos ist die Botschaft, daß mein bisheriges Verständnis, mein Selbstbild, meine Einschätzung nicht mehr trägt, nicht mehr haltbar ist. Es will mir sagen, daß es an der Zeit ist, daß eine neue Ordnung, eine neue Welt in mir entsteht. In dem Sinn ist das Chaos hilfreich. Es fordert mich dazu heraus, mich einer veränderten Situation neu anzupassen: Ich werde ohne den Partner weiter-

leben müssen, der durchkreuzte Plan will ersetzt werden durch neue Lebensperspektiven.
Neue Welten aber entstehen nicht dadurch, daß man das Chaos einfach Chaos sein läßt. Ich muß Formen finden, wie ich mit diesem Chaos umgehen und leben kann. Zwei Schritte scheinen notwendig zu sein: Ich muß solche dunklen Stunden in meinem Leben annehmen, mich hineinbegeben, sie zulassen und leben. Ich bin das Chaos, und das Chaos ist in mir. Dann aber muß ich dem Chaos auch gegenübertreten, es beim Namen nennen, zu begreifen versuchen. Wo kommt es her, wohin will es mich führen? Ich bemühe mich, dieses Durcheinander des Lebens neu zu strukturieren, die verschiedenen Fäden zu erkennen, die in diesem Wirrwarr miteinander verwoben sind.
Und in dem Moment, da ich zu ordnen beginne, kann Licht in die Sache kommen. So allmählich sieht man wieder klar, blickt durch, faßt Fuß, bekommt Boden unter die Füße. Eine neue Welt beginnt sich herauszukristallisieren. Die Hoffnungslosigkeit weicht, neue Träume werden wach, langsam lichtet sich das Dunkel.
Weder Chaos noch Ordnung sind ein Dauerzustand: Aus dem Chaos entsteht eine neue Ordnung, meine bestehende Ordnung wird durch ein hereinbrechendes Chaos in Frage gestellt, um sich zu einer neuen Ordnung gestalten zu lassen.

Ich schaffe mir meine eigene Welt

Gelegentlich werde ich von Teams oder Gruppen gebeten, als Beraterin in einem konkreten Konfliktfall zu vermitteln.
Je genauer ich dann auf die Situation hinschaue und auf die Menschen, die darin „verwickelt" sind, um so deutlicher erkenne ich, daß aus seiner Sicht jeder recht hat. Jeder Mensch bringt sich und seine Vorgeschichte mit, die oft rational gar nicht erklärbar ist, geschweige denn zu verstehen. Jeder lebt in seiner Welt und, noch entscheidender, schafft sich auch seine Welt immer wieder neu, indem er das, was er erlebt, auf ein bestimmtes Raster, ein Muster anlegt, die Erlebnisse seines Alltages durch eine bestimmte Brille sieht.
Eine Grundangst des Menschen kann z.B. heißen, „ich bin einsam und verlassen!" Mag sein, daß sie aus früheren Erfahrungen herrührt und gar nicht so genau erklärbar ist. Tatsache ist: ein solcher Mensch wird sein Leben immer unter diesem Blickwinkel anschauen. Dann kann es geschehen, daß eine an sich harmlose Begebenheit genau diese Grundangst wieder auslöst. Für einen anderen aber ist es in der Situation oft gar nicht nachvollziehbar, warum derjenige so existentiell auf diese kleine Begebenheit reagiert. Mißverständnisse werden so zugrunde gelegt.
Als ich kürzlich mit einer Gruppe arbeitete, wurde mir dies noch einmal ganz konkret deutlich: Die ehrenamtlichen Mitarbeiter spürten den Streß, unter den sich der

hauptamtliche Mitarbeiter stellte. Sie wollten entlasten, waren bereit, die Last zu teilen, die sich der Hauptamtliche da anscheinend aufgebürdet hatte. Und so fragten sie sehr teilnahmsvoll: „Was können wir dir denn abnehmen?“ Es kostete den hauptamtlichen Mitarbeiter viel Kraft zu sagen, was ihn so belastete. Diese Angst aber, die er da mühsam ins Wort brachte, konnten die anderen nicht verstehen und trösteten auf eine Art, die die Wirklichkeit des anderen nicht ernst nahm: „Das werden wir dann schon regeln!“ sagten sie, und „Noch steht das ja gar nicht an!“ Sie meinten es gut, aber sie ließen nicht zu, daß man die Welt auch noch anders sehen könnte, als sie es tun. Das aber half dem einen überhaupt nicht in seiner Angst – im Gegenteil: Er fühlte sich nicht ernst genommen, zog sich daraufhin noch mehr in sich zurück, war nicht mehr bereit, über seine Ängste zu sprechen.

Da prallen Welten aufeinander, die in sich jeweils stimmig sind, aber für den anderen nicht verstehbar. Das Anders-Sein des anderen wird als Bedrohung erlebt, weil es das Bild meiner eigenen Wirklichkeit in Frage stellt, weil es mich verunsichert, daß man die gleiche Situation auch noch anders sehen kann, als ich es tue. Weil ich mein Bild der Wirklichkeit retten will, kann ich das Bild des anderen nicht zulassen.

Zugegeben – es kann wirkliche Interessengegensätze geben, die zu einem Konflikt führen. Viel häufiger aber erlebe ich es, daß einfach unterschiedliche Welten aufeinanderstoßen, daß man die Welt des anderen nicht versteht, den eigenen Weg als den absolut richtigen ansieht.

In solchen Situationen arbeite ich dann oft mit einem Bild: Angenommen, ich bin in Hamburg und will nach Frankfurt, dann muß ich in südlicher Richtung fahren.

Bin ich aber in München und will nach Frankfurt, dann muß ich nach Norden fahren. Und was ist jetzt der richtige Weg? Beide Wege stimmen, sowohl der nach Süden, wie auch der nach Norden – es kommt halt darauf an, wo ich gerade herkomme. Und dann ist der Streit um den richtigen Weg in dem Fall müßig.
Ich habe mich für die Grundeinstellung entschieden, auf andere Menschen neugierig zu sein. Wie kann man denn diese Welt noch sehen? Gibt es einen anderen Weg, aus der Klemme herauszukommen? Wie gehen andere mit problematischen Situationen um? Gibt es etwas, was ich vom anderen für mein Leben lernen kann?
Ich akzeptiere, daß man diese Welt auch anders wahrnehmen und erleben kann, als ich es tue, und daß die Art und Weise, wie ich es tue, ein Abbild meiner selbst ist. Manchmal tut es mir sogar gut, meine eigene, kleine, begrenzte Welt mit anderen Welten zu konfrontieren. Es muß ja nicht gleich ein „Aufeinander-Prallen" sein, sondern kann ja auch behutsame Annäherung sein.
Jedenfalls: das Ereignis, dem ich eine riesengroße Bedeutung beimesse, ist für andere unscheinbar, nicht der Rede wert. Etwas, was für mich selbstverständlich ist, rührt den anderen in seinem Innersten auf. Natürlich kann ich darüber den Kopf schütteln – aber das führt nicht weiter.
Ich habe Lust daran, zu sehen und zu entdecken, wie man denn diese Welt noch sehen und erleben kann – und ich glaube daran, daß es mich reicher macht und keine Bedrohung für mich darstellt. Im Gegenteil: die Begegnung mit einer mir fremden Sichtweise kann mir dabei helfen, mein eigenes Erleben der Wirklichkeit deutlicher zu sehen – und vielleicht auch zu verändern.
Aber auch das ist schon wieder eine Sichtweise meiner Wirklichkeit.

Walzer linksherum

Nichts steht mehr fest

um mich herum
dreht sich die Welt

ein Bild
jagt das andere

ich verliere mich
in der Bewegung

lasse los
weil ich festhalten kann

Träume schaffen Wirklichkeit

Dem bekannten Spruch „Träume sind Schäume" habe ich eigentlich noch nie so recht getraut. Und heute weiß ich, was ich früher nur ahnte: Träume sind Wegweiser für den Menschen, die ihm dabei helfen, seinen Weg zu finden und zu gehen.
Dies gilt zum einen für die Träume der Nacht. Sie können wichtige Botschaften für den Menschen enthalten – wenn er sie nur ernst nimmt. Die Psychoanalyse arbeitet deshalb u.a. mit Träumen und ermöglicht dem Betroffenen damit oft existentielle Selbsterfahrungs- und Lernprozesse. Traumforschung ist zu einem Gegenstand der Wissenschaft geworden und versteht das Träumen inzwischen als einen hochdifferenzierten Prozeß, dem unseriöse Traumdeutungsbücher, die einem bestimmten Symbol eine bestimmte Deutung beilegen, nicht gerecht werden. Ein Traum kann nur verstanden werden, wenn ich die Situation und die Persönlichkeit des Träumenden kenne.
Daß Träume eine wegweisende Funktion wahrnehmen können, gilt aber auch für die Tagträume des Menschen, also für das, was in meiner Phantasie als Bild entsteht, wenn ich gedankenverloren aus dem Fenster schaue, bei „Rot" vor der Ampel stehe, Musik höre und sie zugleich doch nicht höre – da blitzen Bilder, Gedanken an mir vorbei, ich male mir Situationen aus, stelle mir vor, wie schön es wäre, wenn …
Solche „Tagträume" erzählen von meiner Sehnsucht

nach einer anderen, vielleicht besseren Wirklichkeit – und sie sind zugleich eine Beschreibung dessen, was ich im Moment nicht habe, nicht bin. Sie machen damit eine Aussage über meine derzeit erlebte Wirklichkeit und schaffen gleichzeitig eine neue Welt, indem ich mir Anderes, Neues vorstelle. Vorstellen – ich stelle etwas vor mich, wohin ich gehen kann. Solche Träume zeigen das mögliche Ziel und sagen zugleich, wo ich stehe. Beides ist notwendig, um den Weg bestimmen zu können: mein derzeitiger Standort und der Ort, wo ich hin will. Dann ist „Losgehen“ möglich.
Kenne ich nur meine jetzige Position, weiß aber nicht, was ich will, dann wird keine Kraft da sein, um mich in Bewegung zu setzen. Andererseits: wenn ich weiß, wo ich hin will, weiß aber nicht, wo ich im Moment stehe, dann wird jeder Weg der falsche sein. Ich brauche zwei Bezugspunkte in meinem Leben, um Bewegung zu ermöglichen: Wo stehe ich jetzt, wer bin ich? – und: Wo will ich hin? Wer will ich sein?
Manchmal ist das ganz schön schwer. Da erlebe ich, daß mich meine Arbeit so einfängt, daß ich keine Zeit und keine Kraft mehr habe zum Träumen. Da bin ich so mit dem Überleben beschäftigt, daß keine Bilder einer anderen Wirklichkeit entstehen können. Oder ich bin so verletzt von dem, was ich erlebe und auch erleide, daß meine Schmerzen es mir unmöglich machen zu träumen. Und dann wieder gibt es Zeiten, in denen ich nur vor mich hinträume und dabei die Wirklichkeit aus dem Blick verliere.
Meine Träume sind Bilder einer neuen Wirklichkeit. Neue Wirklichkeiten aber können nur entstehen, wenn ich auch die Gegenwart ernst nehme. Andererseits: wenn ich die Gegenwart zu ernst nehme, nur noch unter ihr

leide, dann kann ich auch nicht mehr träumen. Veränderung braucht die Träume inmitten der Wirklichkeit.
Ich glaube, daß jeder und jede von uns solche Träume hat. Wenn wir uns von diesen Träumen erzählen könnten, dann entsteht möglicherweise eine Vision daraus. Bei Dorothee Sölle habe ich gelesen, daß Träume etwas Individuelles, etwas ganz Persönliches sind. Wenn ich meine Träume mit anderen teile, dann können sie zu einer kraftvollen Vision einer anderen Welt werden.
So wie meine Träume meine persönliche Situation verändern können, so kann eine Vision die gesellschaftliche Situation verändern. Die Bibel weiß um die Notwendigkeiten solcher gemeinsam geträumten Träume: „Ein Volk ohne Vision geht zugrunde" (Sprichwörter 29,18, in der Übersetzung von D. Sölle).
Ich habe mir deshalb vorgenommen, dort, wo nicht geträumt wird, von meinen Träumen zu erzählen – und dort, wo nur geträumt wird, mit der Realität zu konfrontieren.

… und träumen Bäume

Umgebrochen
  aufgebrochen

schreit Erde
  nach Leben

fließt Ergeben
  der Tränen

wird Hunger
  zur Kraft

im schmerzvollen Empfangen
  lassen und tun

schlägt Leben Wurzeln
  dringt ein und trennt
  umfaßt und eint

und wachsen und wachsen und wachsen …

Lieber lebendig …

Ich mußte lachen – auf dem Parkplatz vor dem Tagungshaus stand ein Auto mit dem Aufkleber: „Lieber lebendig als normal.“ Doch, den Aufkleber würde ich mir auch aufs Auto kleben …
Der Satz verfolgte mich noch während des Seminars, das unter dem Thema stand: „Aufbruch zu einem neuen Miteinander“. Vieles war ins Wanken geraten: das herkömmliche Priesterbild wurde in Frage gestellt, junge Frauen drängten energisch nach vorne, bei den wenigen Hauptamtlichenstellen wurden Ordensschwestern durch Sozial- und Religionspädagoginnen abgelöst. Männer und Frauen waren in den Strudel hineingeraten, den die Veränderung unserer Welt, des Selbstverständnisses von Frauen, der Krise unserer Kirche, mit sich gebracht hatte. Alte Bilder wurden hinterfragt, neue Visionen wurden gesetzt – Tradition und Zukunft prallten aufeinander und trauten sich doch noch nicht so recht, miteinander zu streiten.
Es gelang im Laufe der Tagung, einiges davon in Sprache zu bringen, Unterschiede und Gegensätze wurden sichtbar, manches, das bisher tief im Inneren verborgen war, wurde plötzlich schmerzhaft deutlich. Sicher, an Lösungen war noch nicht zu denken – diese Unterschiede und die damit verbundenen Spannungen werden die Gruppe wohl noch einige Zeit begleiten. Aber der erste Schritt war getan – sich dieser Unterschiede, der verschiedenen Situationen anfanghaft gewahr zu werden.

Die Frauen und Männer konnten zulassen, daß das alte Bild nicht mehr trägt, daß die Zeit für etwas Neues, Anderes angebrochen war – wenn man auch noch nicht so genau zu sagen wußte, wie dieses Neue aussehen könnte. Und manchen tat dieser Abschied weh.
Aber da war zugleich auf einmal ungeheuer viel Leben und Lebendigkeit. Mich erinnerte es an die Stimmung, wenn am Morgen Rucksäcke gepackt und Zelte zusammengerollt werden, wenn man ein bißchen traurig um das erloschene Lagerfeuer herumsteht – und ahnt, daß die vergangene Zeit nicht mehr wiederkommen wird. Und doch, bei allem Abschied: es lockt der Weg.
Genau das ist Aufbruch, ist Exodus. Aufbruch hat etwas mit Offenheit, mit ungewissem Ausgang zu tun. Man geht los – und der Weg ist das Ziel. Man traut sich einen Schritt ins Ungewisse, auch ins Ungeborgene hinein – und das ist nicht leicht. Es verlangt viel Gottvertrauen, loszugehen, Kundschafter zu sein für Kirche und Gesellschaft. Das bringt Schmerzen, aber auch Lebendigkeit mit sich.
Ein Aufbruch ist kein Umzug. Bei einem Umzug ziehe ich von einem Haus in ein anderes. Bei einem Aufbruch dagegen verlasse ich die Sicherheit, um sie gegen eine vorläufige Unsicherheit einzutauschen. Keiner kann sagen, wohin der Weg führt.
Und leibhaftig spürte ich, was dieser „Aufbruch" für die Frauen und Männer bedeutet, die sich da auf den Weg machen wollen.
Ich glaube an die Kraft der Begegnung von Menschen. Die Wahrheit mag genau in der Gegensätzlichkeit und Widersprüchlichkeit verborgen sein. Je vielfältiger und differenzierter uns eine Situation erscheint, um so eher mag sie der Wirklichkeit entsprechen. Das Leben ist nicht einfach und eindeutig.

Wenn wir einander von uns erzählen, hinhören, was der andere sagt, ihn zu verstehen versuchen, eine Antwort probieren – da kann etwas aufbrechen. Das ist Leben. Dabei wird und muß Neues entstehen. Da ist Lebendigkeit, die auch Konflikt und Auseinandersetzung beinhaltet.

Leben ist Aufbruch – ist der Weg ins Ungewisse. Es bedeutet, Vertrautes gegebenenfalls zu verlassen, sich auf den Weg zu machen, ohne das Ziel zu kennen.

Manchmal scheitern Aufbrüche daran, daß man im Vorfeld so gerne das Ergebnis wüßte – aber dann ist ein Aufbruch kein Aufbruch mehr. Ein Aufbruch ist offen, das Ergebnis ist nicht vorhersagbar – und damit mag der Aufbruch manchmal Angst machen. Neues aber kann erst wachsen, wenn ich aufgebrochen bin – so wie der Bauer das Feld umpflügt, den Boden aufbricht, um Neues wachsen zu lassen.

Jesus sagt von sich: „Ich bin der Weg!“ und nicht: „Ich bin das Angekommen-Sein!“ Man könnte das vielleicht auch so sagen: Weil ich heimgekommen bin in Gott, kann ich jeden Tag neu aufbrechen.

„Normal“ in einem herkömmlichen Sinn ist das sicher nicht, aber lebendig – ganz bestimmt.

Aufgebrochen

Wenn das Fest
nur noch Erinnerung ist
Träume
die Gegenwart verraten
und
Gott sein Gesicht
verliert

wird Wüste zum Weg
der Weg zur Heimat
Heimat zum Aufbruch

ist
Gott
dabei

„Wir sind ein Teil dieser Erde“

(Indianerhäuptling Seattle)

Es gibt Momente, in denen ich verliebt bin in diese Erde, in Natur, Schöpfung, die Menschen. Es sind Augenblicke, in denen ich mich eins fühle mit Gott und der Welt, Momente, in denen es „stimmt“. Es gibt keine Grenzen mehr zwischen mir und dem anderen, ich tauche ein in ein Meer von Zärtlichkeit, verliere, verströme mich, lasse los, ein Sein mit Stein, Tier, Pflanze, Mensch – Eins-sein. Es ist ein Spüren, Ahnen, Fühlen, daß ich im Strom des Lebens bin, ein Teil dieser Schöpfung. In solchen Momenten gelten meine Grenzen nicht mehr, und ich brauche sie auch nicht.

Wertvoll und kostbar sind solche Augenblicke. Sie lassen sich nicht „machen“, sind für Geld nicht zu kaufen, und sie lassen sich nicht festhalten. Sie sind Geschenk, Geschenk einer anderen Welt, die man mit dem Namen „Gott“ bezeichnen kann. Und zugleich ist diese andere Welt in solchen Momenten meine Welt – Gott ist in mir, und ich bin in Gott. Das kann ich nur dankbar entgegennehmen.

Und dann bricht wieder der Alltag ein – Fremdheit, Nicht-Verstehen, Abgrenzung, Einsamkeit. Aber inmitten dieses Alltages weiß ich um die Erfahrung, daß einmal die Grenzen aufgehoben waren. Das aber verändert mich und meinen Alltag – ich werde sehnsüchtig …

Ich suche und sehne mich danach, daß eine Vision, anfanghaft erahnt, lebt und bleibt. Eine solche Sehnsucht lehrt suchen … mitten im Alltag.

nur die sehnsucht

in die jahre gekommen

lädt nur noch
die sehnsucht ein

will
und will doch nicht

ein letzter versuch

dem ganz Anderen
Tür und Tor öffnen
Brot und Fleisch anbieten

ich lache
und lache nicht

Gott
macht
ernst

Vgl. Gen 18,1–22 „Gott zu Gast bei Abraham“.

Abschied und Anfang

Ich nehme nicht gerne Abschied. Und wenn es denn sein muß, dann möge es bitte rasch geschehen.
Abschiede müssen sein. Ein Freund, der das Wochenende bei mir verbrachte, fährt wieder heim zu seiner Familie; ein Seminar geht zu Ende – und ich weiß nicht, ob ich diese Menschen noch einmal sehen werde; ich verlasse meine Arbeitsstelle; ziehe aus dem Ort weg, der mir Heimat geworden ist; ich nehme Abschied von einem Traum und muß mich der Wirklichkeit stellen; ich spüre, daß die Zeit der Jugend und der Jugendlichkeit vorbei ist.
Manche Abschiede sind leichter, andere fallen mir sehr schwer. Manchmal spüre ich, es war genug: genug an Begegnung, genug an Erfahrungen, genug an Leben für dieses Mal – da kann ich gut gehen und den anderen gut gehen lassen. Jetzt brauche ich wieder Zeit für mich, um all das, was ich gesehen und erlebt habe, von „außen" nach „innen" zu holen.
Gelegentlich nehme ich auch sehr gerne Abschied: Ich kann endlich das ungemütliche Tagungshaus verlassen, in einer Gruppe habe ich mich nicht wohl gefühlt, eine Situation war mir unangenehm oder hat mich überfordert. Da ist es leicht zu gehen.
Manchmal aber fällt mir der Abschied wirklich schwer. Es waren gute, intensive Stunden – und ich wünsche mir, es würde so bleiben. Oder es war eben „noch nicht genug": etwas ist ungesagt, blieb ungelebt. Ich kann noch

keinen Abschied nehmen, weil noch etwas zu tun bleibt – und muß es manchmal doch. Da möchte ich festhalten, einen Traum, einen Menschen, ein Lebensgefühl, kann noch nicht loslassen. Und da steht man dann viertelstundenlang miteinander am Auto und redet und redet, braucht dreimal so lang, um den Koffer zu packen, kann und will sich aus einer Umarmung nicht lösen.

Abschied ist Trennung. Ich verlasse etwas und gehe alleine einen Schritt weiter. Und vielleicht sind gerade deshalb Abschiede oft so unangenehm: Ich spüre meine Einsamkeit und zugleich die Notwendigkeit, einen neuen Schritt zu tun. Beides kann weh tun. Aus der Sicherheit meines Lebens, der Vertrautheit mit einer Situation werde ich plötzlich mit der Unsicherheit konfrontiert, mit Veränderung. Was ich gehabt habe, weiß ich – was aber wird nachkommen? Und dann halte ich fest, klammere mich an etwas, statt loszulassen, mich in den Strom des Lebens hineinzubegeben.

Mit jedem Abschied aber fängt zugleich etwas Neues an. Es gibt Raum für neue, andere Erfahrungen, eingefahrene Gewohnheiten und Muster können aufgebrochen werden, Chancen eröffnen sich neu. Der nächste Schritt ist zu gehen – und wiederkommen kann ich nur, wenn ich fortgegangen bin. Manchmal geht es mir so, daß mir ein Mensch, ein Ort viel wichtiger durch das Fortgehen und Wiederkommen wird, als wenn ich immer nur bliebe.

Um meine Abschiede darf ich mich nicht drumrum mogeln. Ich kann nicht nur Neues beginnen, ohne mich zugleich auch von Altem zu trennen. Den Abschied leben – aber mich nicht darin verlieren, den Abschied nicht hinauszögern, sondern gestalten.

Mein „Ja“ zum Abschied kann weh tun – und ist damit zugleich eine Aussage darüber, daß ich das Vergangene

wirklich intensiv gelebt habe. Was mir unwichtig war, davon verabschiede ich mich leicht. Meine Schmerzen sagen auch etwas darüber aus, daß es wichtig für mich war.
Dem Abschied mag ein „Loch“ folgen, eine Zeit der Leere, in der sich scheinbar nichts bewegt. Dieses „Loch“ ist der Anfang des Neuen, so wie aus dem „Tohuwabohu“ der Schöpfungsgeschichte eine neue Welt erschaffen wird.
Ich freue mich auf das Neue. Herausforderung zum Leben – ja. Es wird anders sein, als ich es mir jetzt vorstelle, es mag mir Angst machen – aber es ist Leben.
Der Tod wird der letzte Abschied in meinem Leben sein – ich glaube daran, daß damit zugleich etwas Neues anfängt.

Fremd und vertraut

Jesus kam in seine Heimatstadt und lehrte die Menschen dort in der Synagoge. Da staunten alle und sagten: Woher hat er diese Weisheit und die Kraft, Wunder zu tun? Ist das nicht der Sohn des Zimmermanns? Heißt nicht seine Mutter Maria, und sind nicht Jakobus, Josef, Simon und Judas seine Brüder? Leben nicht alle seine Schwestern unter uns? Woher also hat er das alles? Und sie nahmen Anstoß an ihm und lehnten ihn ab. Da sagte Jesus zu ihnen: Nirgends hat ein Prophet so wenig Ansehen wie in seiner Heimat und in seiner Familie. Und wegen ihres Unglaubens tat er dort nur wenige Wunder.

Mt 13,54–58

Den kennen wir doch: Jesus, den Sohn des Zimmermanns Josef und seiner Frau Maria, in diesem Dorf aufgewachsen, ein junger Mann – und auf einmal will der uns was beibringen? Woher hat er diese Weisheit und die Kraft, Wunder zu tun? Den kannten wir doch schon als Kind. Woher also will er das alles haben? Das gibt Ärger und erregt Anstoß, so einer wird abgelehnt …
Plötzlich umgibt diesen jungen Mann aus Nazaret etwas Fremdes für diejenigen, die ihn so lange schon kennen – oder vielleicht doch nur zu kennen glaubten?

Diese Geschichte kenne ich doch – und nicht nur aus der Bibel. Ein guter Freund hat plötzlich Tränen in den Augen – ich habe ihn noch nie weinen sehen. Eine ältere

Bekannte, die über Jahre hinweg aufopfernd für ihre Familie gesorgt hat, macht plötzlich ein kleines Geschäft für Handarbeiten und Geschenkartikel auf – wo nimmt die nur den Mut her? Ein junger Landwirt stellt auf biologisch-dynamischen Anbau um – das hat hier doch noch niemand gemacht!
Ein Mensch zeigt auf einmal Schwäche oder wird mutig, engagiert sich politisch oder reagiert plötzlich kleinlich, stellt sein Leben auf den Kopf oder hat auf einmal jeglichen Lebensmut verloren.
Da ist einer, den ich zu kennen glaube – und plötzlich ist da etwas Fremdes, etwas, das ich nicht verstehe. Mitten in das scheinbar Vertraute bricht plötzlich das Fremde ein – und das macht Angst. Ich werde unsicher – warum ist der auf einmal so anders? Kann ich mich auf den überhaupt noch verlassen – oder was mag sich da noch alles herausstellen, was ich jetzt noch nicht weiß? Wenn meine Vorstellung, mein Bild von einem Menschen ins Wanken gerät, dann kann das Abwehr und Ablehnung mit sich bringen – das ist heute und hier nicht anders als zu Jesu Zeiten in Nazaret. Es kann nicht sein – weil es nicht sein darf.
Das Fremde aber nur als etwas zu verstehen, das Unsicherheit und Angst mit sich bringt, wäre zu kurz gegriffen. Die Menschen in Nazaret, die das Neue und ihnen Fremde an Jesus ablehnen, machen sich selbst arm: Jesus kann dort nur wenig Wunder tun. Und vielleicht bringen wir uns auch heute um so manches Wunder, wenn wir uns nur an dem Vertrauten festhalten!
Jedes Neue ist zunächst einmal „fremd“ – und jede Weiterentwicklung des Menschen bringt Neues und damit Fremdes mit sich. Menschen wachsen und verändern sich – das ist wichtig und notwendig. Leben bedeutet immer auch Veränderung. Und das heißt, daß ich mich

weiterentwickeln darf, ein Recht darauf habe, meine Meinung auch zu ändern, meine Lebensplanung neu anzuschauen und gegebenenfalls umzuschreiben. Fremdes kann vertraut werden – und Vertrautes fremd. Das Fremde aus meinem Leben herauszuhalten würde heißen, die Entwicklung aufzuhalten. Sicher, nicht jede Entwicklung ist unbedingt erstrebenswert – aber daraus grundsätzlich den Schluß zu ziehen, es soll alles so bleiben, wie es einmal war, wäre sicher auch falsch. Viel wichtiger scheint es zu sein, den Umgang mit dem Fremden zu lernen – mit dem Fremden in uns selbst, in unserem Partner, in den Kindern, den Eltern, dem Fremden aber auch in diesem Gott, an den wir glauben – und der manchmal eben gar nicht so nett und wohlvertraut ist, wie wir es gerne hätten.

In meinem Leben gibt es beides: Altes und Neues, Vertrautes und Fremdes – und das eine ist nicht besser oder wichtiger als das andere, beides gehört zum Leben dazu. Es braucht das Alte und Vertraute, um in Geborgenheit leben zu können, um Sicherheiten in einem unsicheren Leben zu haben – und es braucht das Neue und Fremde, um wachsen und sich entwickeln zu können.

Maria, die Mutter Jesu, kann uns hier Schwester sein. Wie fremd mag ihr das alles gewesen sein – wie anders als das Leben, das sie bisher kannte und sich wohl auch für ihre Zukunft vorgestellt hatte. Jesus mag seiner Mutter und seinen Freunden oft fremd gewesen sein – und doch sind sie bei ihm geblieben, haben sich auf das Neue, Ungewohnte eingelassen, sind mitgegangen, weil sie vertrauten, ihm vertrauten.

Auf Gott vertrauen heißt, mich unbesorgt auch auf das Neue einzulassen, vor dem Fremden keine Angst zu haben – sondern es als Chance und Möglichkeit zu verstehen, zu wachsen und zu leben.

Und so denke ich an Maria, die sich selbst so radikal auf das ganz Andere eingelassen hat, an die Frau, die den Mut und die Kraft zu dem Fremden hatte, die Frau, die mich einlädt, das Leben in Jesu Namen in all seiner Fülle zu leben – mit all dem Vertrauten und dem Fremden.

Vom Reichtum des „anders sein“

Es gibt Wörter in unserer Sprache, die schwer zu erklären sind. Mut ist zum Beispiel ein solches Wort, oder auch Angst – und wer einmal versucht hat, „Liebe“ zu beschreiben, weiß um die Probleme, die damit verbunden sind. Trotzdem verwenden wir diese Wörter ganz selbstverständlich in unserer Umgangssprache und werden manchmal erst durch die Fragen von Kindern darauf gebracht, wie schwer es doch ist, das eine oder andere Wort wirklich zu erklären.
Diese Schwierigkeiten mögen unterschiedliche Ursachen haben. Je mehr ein Begriff, ein Wort, mit dem Leben verbunden ist, desto lebendiger ist es auch und in Worten nicht festzuhalten. Das unterscheidet das Leben von einem Gegenstand, den ich handgreiflich vor mir habe, sehen und anfassen kann. Das Leben lebt und ist eben deshalb so schwer in Worte zu fassen. Zugleich aber wird das Leben, werden Mut und Liebe, Angst und Hoffnung, ganz persönlich, einzeln und eigen erlebt – und so werden in eine Definition dieser Worte immer auch meine eigene Geschichte, meine Träume und Sehnsüchte, meine Werte und Ideale, meine Erfahrungen und Überzeugungen mit einfließen. Deshalb läßt sich auch über manche Begriffe so schwer streiten: Eine Definition, von verschiedenen Menschen gegeben, mag objektiv gesehen vollkommen unterschiedlich sein – und doch besitzt jede Beschreibung ihre subjektive Wahrheit. Erst die Summe dieser je eigenen Beschreibungen von Liebe, Mut oder Hoffnung mag sich einer objektiven Wahrheit,

die der Vielfalt des Lebens entspricht, vielleicht ein wenig annähern.
Ähnlich ist es auch mit dem Begriff „Christsein“. Er ist schwer zu definieren, eben weil er so eng mit dem Leben verbunden ist und seine ganz persönliche Färbung durch jeden einzelnen bekommt. Jede Anstrengung, „Christ-Sein“ allgemeingültig und verbindlich zu definieren, muß scheitern, weil er der Vielfältigkeit des Lebens nicht gerecht werden kann. Solche Versuche gab es ja häufiger in der Geschichte des Christentums, und sie haben manchmal zu grausamen Konsequenzen geführt, etwa zu den Hexenverbrennungen im Mittelalter oder den Religionskriegen heutiger Zeiten, wie z. B. in Nordirland.
Christ-Sein zu beschreiben, das kann nur über behutsame Annäherungen erfolgen und über persönliche Aussagen, die als solche auch gekennzeichnet sind. Und keiner hat das alleinige Recht zu definieren, was das Christliche am Christen ausmacht.
Sicher – es mag einige Akzente geben, über die man sich scheinbar rasch einigen kann: „Ein Christ ist jemand, der versucht, in der Nachfolge Jesu zu leben“, so lautet eine Formulierung, der wohl viele zustimmen könnten. Im Alltag mag sich diese Übereinstimmung aber schnell wieder als nicht haltbar erweisen, wenn es um die Entscheidung konkreter Fragen geht, wie zum Beispiel, ob Asylbewerber Zuflucht in einer Kirche suchen dürfen, ob Frauen zum Priesteramt zugelassen werden sollen oder ob die Zahl der Gruppenplätze im Kindergarten kurzfristig erhöht werden soll.
Ist „Christ-Sein“ ein offener Begriff, ein Wort, das nicht zu beschreiben und zu definieren ist? Etwas, das ich nur in aller Vorläufigkeit versuchen kann zu leben, dem ich mich nur in aller Behutsamkeit nähern darf?

Ein solches Verständnis von „Christ-Sein" kann Angst machen. Wir Menschen wüßten doch so gerne, woran wir sind, hätten so gerne klare Regeln und Strukturen, an die man sich halten kann, wüßten so gerne, was jeweils richtig und falsch ist.
So einfach aber ist es nicht. Und es ist vielleicht auch ganz gut so. Aus etwas Dynamischem, dem Leben dienenden, würden wir so etwas Statisches machen. Wir machen uns selbst arm, wenn wir unseren Glauben in Katechismusregeln und Gesetzen festschreiben und Gott zu einer berechenbaren Größe degradieren, der das Gute belohnt und das Böse bestraft, so wie in einem Bußgeldkatalog.
Glauben, das ist Weg und Unterwegssein – aber kein Zustand. Und das ist ein Weg voller Abenteuer, ein Weg, der durch Dickichte führt und auf hohe Berge hinauf, ein Weg, an den die sanften Wellen des breiten Flusses genauso schlagen wie die stürmischen Wogen des Meeres, das ist ein Weg mit Kreuzungen und Hütten zum Rasten, ein Weg, der durch bunt blühende Wiesen führt und durch trockene Wüsten. Es ist ein Weg, den ich gehen muß, manchmal begleitet von Freunden, die mit mir gehen, über weite Strecken aber auch alleine, immer neu suchend nach diesem Gott, um ihn vielleicht dann doch nicht zu finden – oder auch im Suchen etwas ganz anderes zu entdecken, mit dem ich nicht gerechnet habe. Volk Gottes unterwegs – ein solches Bild spricht für sich, weil es ein Bild ist, weil es malt, statt zu erklären.
In einem solchen Sinne ist Glauben Herausforderung an mein Leben. Ich bin gefragt, mit all dem, was mich als Mensch ausmacht, es gibt keinen standardisierten Weg Christ zu sein.
Und genau deshalb geht „Christ-Sein" auch nicht alleine in meiner guten Stube. Ich brauche die anderen Men-

schen, die so wie ich versuchen, ihr „Christ-Sein" zu leben. Ich brauche sie als Bereicherung und als Korrektur auf meinem Weg. Alleine kann ich mich verrennen in verrückte Ideen, kann mich meinen narzißtischen Gefühlen hingeben, kann in den Wüsten meines Glaubens verdursten und verhungern. Ich brauche den anderen Menschen als Ergänzung, den Menschen, der mich an seiner Kraft teilhaben läßt, wenn mir die Puste ausgeht, dem ich Halt sein kann, wenn ihn die Kraft verläßt, der mich mit seinen ganz anderen Träumen reich machen kann, der meine Ängste kennt und seine Hoffnungen dagegensetzt, der sein „Christ-Sein" anders lebt als ich, weil er eben ein anderer Mensch ist.

Das will Bereicherung sein, und keine Bedrohung. Daß das Fremde des Anderen mir manchmal Angst macht, ist meine Sache. Und es ist eigentlich eher ein Hinweis darauf, daß ich manche Worte Jesu eben doch nur schwer in meinem Leben wirklich leben kann. „Sei ohne Angst! Fürchte dich nicht!" – laß dich auf all den Reichtum ein, den die Andersartigkeit der anderen dir zu bieten hat, um selbst dadurch reich zu werden.

Dann haben in unseren Kirchen lateinische Hochämter und moderne Musik ihren Platz. Gregorianik und Jazz können eine Form sein, Gott zu preisen. Eine Wallfahrt ist ein Weg, genauso wie der offene Jugendclub, es braucht das Beten genauso wie das handgreifliche Zupacken. Daß manchen Menschen das eine oder andere mehr liegt, daß es eben nicht nur eine Möglichkeit gibt, sein „Christ-Sein" zu leben, kann unsere Kirche nur bereichern. Den Menschen auf einen Weg zu verpflichten, statt ihn zu seinem Weg Mut zu machen, das zeugt eher von Angst und dem Bemühen, „Christ-Sein" eben doch festzuschreiben.

Das bedeutet nicht Willkürlichkeit und Beliebigkeit –

ganz im Gegenteil. Es meint eine Toleranz, die aus einer Bescheidenheit und Demut heraus kommt, aus dem Erkennen, daß der andere seine Erfahrungen mit diesem Gott gemacht hat. Und es braucht das Ringen und die Auseinandersetzung in all den konkreten Fragen, vor die sich Christen und christliche Gemeinden heute immer wieder neu gestellt sehen, sei es nun in der Diskussion um § 218, in der Frage um die Größe der Kindergartengruppen oder der Benutzung von Porzellangeschirr während des Pfarrfestes. Das nette, freundliche Christentum, das Konflikte unter den Teppich kehrt, in dem man nur einer Meinung sein darf, in dem man miteinander beten, aber nicht streiten darf, ist wohl eher ein Christentum der Mauern und der Enge als der Weite und der Freiheit.
Hinzu kommt, daß unser Vertrauen auf den Geist Gottes vielleicht doch nicht so groß ist – manchmal denken wir, wir allein wären für die Wahrheit in unserer Kirche verantwortlich. Oder, wohl noch anmaßender, wir Christen wären allein für die göttliche Wahrheit in der Welt zuständig. Das baut Mauern auf, engt ein, macht arm, ist Angst und zugleich eine Verneinung der Größe dieses Gottes, an den wir glauben.
Hab keine Angst – mache dich auf, fürchte dich nicht, öffne dich, schau hin, hör zu – das ist die Botschaft, die auch in vielen Heilungswundern Jesu deutlich wird. Menschen, die durch Blindheit und Taubheit gefesselt sind, werden befreit und geheilt, ihre enge Welt wird weit, weil sie nicht länger nur in sich hineinschauen und -hören müssen. Das ist die Einladung zum Gespräch und zur Auseinandersetzung – „Christ-Sein“ heißt auch Suchen und nicht schon „gefunden-haben“.

Unterwegs daheim sein

In meinem Leben gibt es einige Erlebnisse, die sich mir unauslöschlich eingeprägt haben. Noch Jahre später weiß ich genau, wo das war, kann ich mich an einen Satz erinnern, der gesagt wurde, oder an einen Gedanken, der mir durch den Kopf schoß, ich spüre die Stimmung, denke an eine bestimmte Musik. Manchmal scheinen es unbedeutende Bruchteile von Sekunden zu sein – und doch begleiten sie mich in meinem weiteren Leben.
Es war ein Herbstabend im vergangenen Jahr. Ich hatte einen Abendtermin im Schwarzwald und fuhr im dämmrigen Abendlicht ein Tal entlang. Unter mir, in einer Senke, lag ein alter, großer Bauernhof – aus einem Fenster fiel ein warmes Licht in die Dämmerung hinein. Dieser Lichtschein, der dunkle Hof strahlten eine solche Geborgenheit aus, daß ich ganz tief berührt wurde und dachte: Schön wäre es, jetzt dort in der Küche zu sitzen, mit Freunden zu reden, statt schon wieder unterwegs zu sein! Einen Moment lang war ich ganz sehnsüchtig – und wußte zugleich, daß ich nicht bleiben konnte, sondern daß ich weiter unterwegs sein mußte. Aber ich fuhr anders weiter als vorher: irgendwie war ich getröstet. Das gab es also noch, einen Ort, an dem das Licht in das Dunkel schimmert, ein Ort, an dem ich geborgen sein kann. Es muß schön sein, dort nach Hause kommen zu können.
Vielleicht war es gut, daß ich diesen dunklen Schwarzwaldhof mit seinem Lichtschein nicht näher kannte, daß

ich vorbeifahren mußte. Möglicherweise wäre ich ziemlich ernüchtert worden von der Wirklichkeit.
So aber bleibt mir das Bild von dem dunklen Hof im Tal, mit dem erleuchteten Fenster, aus dem heraus ein warmes Licht fällt. Und ich trage es wie einen Schatz in meinem Herzen.
Noch ist mein „Unterwegs-Sein“ gefragt, noch ist mein Lebensweg zu gehen – und es ist schön, ihn zu gehen. In mir lebt aber auch die Sehnsucht, eines Tages heimkommen zu dürfen und dann geborgen zu sein. Aber das Unterwegs-Sein ist ein wenig schöner geworden, weil ich weiß, es gibt noch solche Orte, zu denen man gerne heimkommt. Die Erfahrung dieses Herbstabends verändert die Art und Weise, wie ich meinen Weg gehe – ich bin ein klein wenig getröstet.

Das eine
und
das andere

Herzschlaglang

im Unterwegs-Sein
von Heimat träumen
im Zuhause
vom Aufbruch

und so
bleibe ich
auf meinem Weg

Leidenschaft

In Urlaub zu fahren, den Alltag einmal hinter sich zu lassen, das gehört zu den angenehmen Dingen des Lebens. Trotzdem: Die Tatsache allein, daß jemand in Urlaub fährt, muß nicht unbedingt beneidenswert sein. Auch ein Urlaub kann mißglücken, und Ferientage zu Hause können zu einem Erlebnis werden. Entscheidender als das, ob jemand in Urlaub fährt oder zu Hause bleibt, ist wohl die Frage, wie er das jeweils tut.
Teresa von Ávila, die große Kirchenlehrerin des Mittelalters, hat einmal gesagt: „Wenn Rebhuhn, dann Rebhuhn; wenn Fasten, dann Fasten!" Das, was ich tue, aus ganzem Herzen tun – Halbherzigkeit ist nicht gefragt.
Es ist eine Anstiftung zur Leidenschaftlichkeit, die auf die eine oder andere Weise gelebt sein will – aber die immer jetzt gelebt sein will.
Genießen können, ohne dabei ein schlechtes Gewissen zu haben, ohne sich allzu viele Gedanken um Unerledigtes zu machen, das daheim auf dem Schreibtisch liegengeblieben ist, ohne an all das zu denken, was nach diesen Tagen wohl kommen mag. Das Schöne genießen können, das jetzt in meinem Leben ist, im Heute leben, wirklich Urlaub machen zu können, nicht nur den gewohnten Alltag unter etwas angenehmeren Bedingungen fortzusetzen, das ist wohl eine Kunst ganz eigener Art. Eigentlich bedeutet es, sich auf das Fremde und Neue so einlassen zu können, daß aus dieser Begegnung heraus ich mich verändern kann und sich damit auch mein All-

tag verändert. Das aber geht nur, wenn ich diese Urlaubstage mit ganzem Herzen und leidenschaftlich erlebe.
Wenn Urlaub-Machen die Kunst ist, das Neue im Fremden zu suchen, so kann das Daheimbleiben die Kunst sein, das Neue im Vertrauten zu entdecken. Aus dem gewohnten Alltagstrott herauszukommen und dabei in der bekannten Umgebung zu bleiben – auch diese Begegnung kann reizvoll sein, kann mich und meinen Alltag verändern. Die Zeit und Kraft, die ich sonst dazu brauche, um meine Arbeit zu tun, all diese vielen kleinen und großen Alltäglichkeiten habe ich auf einmal für mich, meinen Partner, die Familie, Freunde – und auch für die Landschaft, die Stadt, in der ich wohne. Ich kann Neues in diesem Vertrauten entdecken, weil ich plötzlich Zeit zum Verweilen habe, Zeit für ein Gespräch, Zeit zum Aufräumen und Sortieren, zum Lesen, Nachspüren und neu entdecken. Aber auch dies will leidenschaftlich gelebt sein – ohne „wenn“ und „aber“. Mit allen Sinnen, aus ganzem Herzen wahrnehmen, was im Moment zu leben ist – und dies leidenschaftlich tun.
Leidenschaft – ein Wort, das es in unserem Leben und auch im christlichen Glauben eher schwer hat. Ihm hängt etwas Dunkel-Dämonisches an, manche mögen „Eifersucht“ damit verbinden, und ein leidenschaftlicher Mensch – wozu mag der wohl alles fähig sein!? Mag sein, daß bei diesem Wort unsere Phantasie mit uns durchgeht – romantische Liebesgeschichten aus dem vergangenen Jahrhundert fallen einem ein, geheimnisvolle Pistolenduelle im Morgengrauen zwischen Liebhaber und Ehemann, Drama, Tränen und Tragödien.
Das Wort „Leidenschaft“ aber ist viel älter und hat durchaus auch eine religiöse Dimension. „Mit leidenschaftlichem Eifer bin ich für den Herrn eingetreten“, so

sagt Elija, die Psalmen sind Lieder und Gebete voller Leidenschaft und Sehnsucht, Jakobs Kampf mit Gott am Jabbok und sein „ich lasse dich nicht los, wenn du mich nicht segnest!“, die Worte Jesu an seine Jünger und Jüngerinnen, die Briefe der Apostel an die jungen Gemeinden sprechen eine leidenschaftliche Sprache. Wer Gott dient, ihm nachfolgen will, kann dies nur aus ganzem Herzen tun – Halbherzigkeit ist keine christliche Tugend. Wer sich auf diesen Gott einläßt, der läßt sich auf das Leben ein. Jetzt, in diesem Moment, findet das Leben statt, will gelebt sein. Das ist eine Absage an all diejenigen, die nur in der Vergangenheit leben oder das Leben auf irgendwann später einmal verschieben. Jetzt das leben, was gelebt sein will – ohne „wenn“ und „aber“. Und es wird „Leben in Fülle“ sein, wie Jesus es uns verheißen hat. Das aber ist nicht nur ein netter Waldspaziergang mit freundlichen Menschen, schönen Blumen und breiten, schattigen Wegen. Leidenschaftliche Menschen sind sehnsüchtige Menschen, die sich ein Empfinden für Glück und Zärtlichkeit, aber auch für Schmerz und Tränen bewahrt haben. Leidenschaftlich zu leben, das bedeutet, auch leiden zu müssen, leiden an der eigenen, oft unerfüllbaren Sehnsucht nach diesem Gott, leiden an sich selbst und an den Mitmenschen, leiden an dem, was nicht ist. Ich kann mir nicht die Rosinen aus dem Kuchen herauspicken, nicht nur die angenehmen Seiten des Lebens genießen – auch das Leiden, die Trauer, die Einsamkeit, der Schmerz wollen durchlebt sein. Und das ist manchmal ganz schön schwer.

Lebenserfahrene, weise Menschen wissen um diese beiden Seiten des Lebens – sie wissen um den Rhythmus des Lebens, um Höhen und Tiefen, dunkle und helle Stunden, und darum, daß beides seinen Ort und seine Zeit hat. Auch darauf deutet das Wort Teresas von Ávila

hin: „Wenn Rebhuhn, dann Rebhuhn, wenn Fasten, dann Fasten!“ Im Leben des Menschen gibt es beides: Zeiten des Rebhuhns und Zeiten des Fastens. Und jeweils beides will gelebt sein, will leidenschaftlich gelebt sein.
Das Wissen um einen solchen Rhythmus des Lebens kann eine gewisse Gelassenheit mit sich bringen. Mein Lachen kennt die Tränen, meine Narben erinnern an die Schmerzen, mein Mut weiß um die Angst, meine Träume erzählen von meiner Vergangenheit und meiner Zukunft. Das Gestern und das Morgen, das Dunkle und das Helle, das Schöne und das Schwere, im Heute leben – und das in einer Leidenschaftlichkeit, die aus der Gelassenheit kommt.
Das ist Lebenskunst und will gelernt sein. Jeder muß seinen eigenen Rhythmus des Lebens finden, seinen eigenen, ganz persönlichen Weg, mit Einsamkeit, Schmerz und Trauer, Glück, Sehnsucht und Erfüllt-Sein zu leben, der Leidenschaft und der Gelassenheit sozusagen eine ganz persönliche Färbung zu geben. In einem solchen Sinn sich auf das Leben einzulassen, es in dieser Leidenschaftlichkeit zu leben und zu lieben, das kann nur dann gelingen, wenn ich mich getragen weiß von einem Gott, in dem all dies aufgehoben ist, der mich hält und schützt, konfrontiert und herausfordert, von einem Gott, der Leben in Fülle will.
Aus ganzem Herzen leben – Halbherzigkeit ist keine christliche Tugend.

Nähe und Distanz

Wir kennen uns nun schon über sechs Jahre. Eine gute Freundschaft verbindet uns, die seine und meine Wege in dieser Zeit mitgegangen ist, eine lebendige Freundschaft, die sich immer wieder neu definiert und beschreibt.
Zuerst schätzte ich sein Mensch-Sein. Er ist jemand, der sich auf einen anderen Menschen einstellen kann, der zuhören kann, der versucht zu verstehen. Er gibt sich so, wie er ist, und versucht nicht, mir ein Bild von sich vorzumachen. Das hat es mir immer leichtgemacht, in unserer Beziehung selbst Mensch sein, ich sein zu können.
Im Laufe der Jahre lernte ich auch seine fachlichen Fähigkeiten schätzen. Ich erlebte ihn als jemanden, der mir als Kollege wichtig wurde, mit dem ich über Menschen, Gruppen und Systeme nachdenken konnte. Und seine Gedanken waren wichtig für mich. Ich konnte mich auf ihn verlassen, ohne mich selbst dabei zu verlassen – es war ein gutes Zusammenspiel unserer unterschiedlichen Fähigkeiten und Kompetenzen.
Als wir kürzlich miteinander auf einem Seminar waren, machte ich eine ganz neue Erfahrung. Beim Vortrag des Referenten schauten wir uns manchmal nur kurz an, hoben die Augenbrauen fragend oder schmunzelten – wir verstanden uns auch ohne Worte. In den wesentlichen Punkten hatten wir die gleiche Meinung zum Kursgeschehen, zu einzelnen Teilnehmern. Wir konnten miteinander lachen und uns an unserer Nähe freuen.

Am Abend waren wir zusammen im Gottesdienst, der in der Gruppe gefeiert wurde. Du hast vor der Kirche auf mich gewartet. Ich spürte Deine Nähe, die Verbundenheit mit Dir, die jetzt auf ein gemeinsames Drittes ausgerichtet war, ich erlebte Dich im Gebet versunken, ganz bei Dir, und zugleich mir ganz nah. Während der Gabenbereitung sah ich Dich von der Seite an und entdeckte plötzlich: Du bist schön! Du hast Profil, das sich abzeichnet, eigenwillig, originell – das bist Du. Schön in einem herkömmlichen Sinne ist es sicher nicht – aber für mich warst Du in diesem Moment schön – und bist es auch heute noch, weil ich ahnen, erfahren durfte, was Dein Gesicht alles verbirgt und zugleich aussagt. In diesem Moment entdeckte ich den Mann in Dir, und eben nicht nur den Menschen und Kollegen. Und in mir war auf einmal ganz viel Zärtlichkeit.
Mit dieser Entdeckung muß ich behutsam umgehen, gerade weil Du mir wertvoll bist. Du lebst in einer gelingenden Ehe, Ihr habt Kinder miteinander, Du bist zufrieden in Deiner Familie. Meiner Nähe zu Dir sind Grenzen gesetzt, die ich respektieren möchte. Ich muß die Spannung aushalten zwischen der Nähe, die ich will, und der Distanz, die notwendig ist, damit wir uns in unserer Nähe nicht verlieren.
Manchmal fällt mir das nicht leicht – und doch ahne ich darum, daß es genau dies ist, was unsere Beziehung lebendig und am Wachsen erhält. Wir brauchen die Balance zwischen Nähe und Distanz, damit unsere Beziehung leben kann.

Gefährte

In der Unsicherheit
des Weges
tust du
gut

Heimat
die mich
im Aufbruch
begleitet

Von Männern und Frauen

Ob ich eine Feministin sei, wurde ich kürzlich einmal gefragt. Ich zuckte etwas hilflos mit den Schultern und sagte: „Ich weiß es nicht!"
Klar bin ich gegen eine Benachteiligung der Frauen aufgrund ihres Geschlechtes, ich bin auch gegen niedrigere Löhne für Frauen, setze mich für die Gleichberechtigung ein. Aber ob das alles immer so einfach ist, wie es manchmal gesagt wird?
So bin ich schon skeptisch, was die Quotenregelung für Frauen angeht – ich will nicht in ein Gremium berufen werden, „nur" weil ich Frau bin. Ich möchte, daß das schätzengelernt wird, was *ich* als Frau einbringen kann – und daß ich nicht als leibhaftiges Alibi mit am Tisch sitze.
Mich irritiert es auch, wenn jemand meint, die „Emanzipation" der Frau könne und müsse ohne die Männer stattfinden. Befreiung darf nicht zur Exklusivität oder gar zum Gegeneinander führen. Die Befreiung der Männer ist genauso notwendig wie die Befreiung der Frauen – und dies darf, meiner Meinung nach, nicht gegeneinander ausgespielt werden. Es kann nicht um die Macht unter anderen Vorzeichen gehen, sondern es muß darum gehen, daß die Macht grundsätzlich abgeschafft wird oder zumindest transparent und kontrollierbar wird.
Die Bilder von Frauen müssen sich verändern – und dazu müssen wir Frauen uns von herkömmlichen Bildern

lösen und durch unser Leben neue Bilder setzen. Das „Erbe“, das wir im Rucksack mitschleppen, müssen wir uns anschauen, überlegen, was davon über Bord geworfen werden kann, was davon „behaltenswert“ ist, und es dann einfach leben – wider alle Vorurteile, Bilder, Meinungen!

Als Schriftstellerin weiß ich, daß sich auch Wirklichkeit in Sprache abbildet, Sprache wiederum Wirklichkeit beeinflußt – trotzdem: manchmal habe ich einfach keine Lust mehr, „Mitglieder und Mitgliederinnen“, „Leiter und Leiterinnen“, „Teilnehmer und Teilnehmerinnen“ zu sagen und zu schreiben. Sicher – ich finde es auch nicht gut, wenn ich dauernd nur als „Bruder“ angesprochen werde, aber andererseits kann ich mich auch durchaus in eher „neutralen“ Begriffen wiederfinden, ohne daß ich deswegen Angst um mein Selbstvertrauen bekäme.

Und Frauenbuchhandlungen, an denen das Schild steht: „Männer unerwünscht“, machen auch mir als Frau angst. Der Mann an sich ist für mich nicht der „potentielle Vergewaltiger“ – die Tatsache, daß es Männer gibt, die Frauen vergewaltigen, spricht nicht gegen diese Grundaussage. Und ich bin mir auch unsicher, ob wir Frauen nicht andere, subtilere Formen der Vergewaltigung von Männern erfunden haben.

Ich halte nichts von einem „Kampf der Geschlechter“ gegeneinander. Die Ganzheit der Welt braucht beides, das Männliche und das Weibliche. Es braucht das je Eigene (und damit auch die Spannungen, die damit verbunden sind!), damit Leben sein und wachsen kann. Zeugung und Geburt eines Kindes sind nur ein Beispiel dafür. Daß die Welt krank ist, liegt möglicherweise mit daran, daß über Jahrhunderte hinweg das männliche Prinzip übermächtig war und das weibliche Prinzip nicht zum Zuge kommen ließ.

Frau sein kann nicht darin bestehen, dem Mann möglichst ähnlich zu sein, ihn nachzuahmen, sondern das ganz Eigene zu entdecken und zu leben. Um nicht falsch verstanden zu werden: Ich plädiere nicht für eine neue alte Mutter-Boden-Theorie. Ich bin schon dafür, daß Frauen sich einmischen, mitmischen im Spiel der Kräfte in Kirche, Gesellschaft und Politik. Die Möglichkeit, ein Kind zu empfangen, es auszutragen, zur Welt zu bringen, ist *eine* typisch weibliche Eigenschaft, aber sie ist nicht die einzige, und es gibt über die leibhaftigen Kinder hinaus noch eine ganze Menge anderer Möglichkeiten, etwas „zur Welt zu bringen".
Aber es ist noch komplizierter: In mir als Frau leben ja nicht nur weibliche Prinzipien, sondern auch männliche. Ich kann zum Beispiel ganz gut strukturieren und habe einen guten Orientierungssinn, beides Eigenschaften, die eher dem männlichen Prinzip zugeschrieben werden. Und ich kenne eine ganze Reihe Männer, die sehr mütterlich, zuwendend, rhythmisch leben.
In der Psychologie heißt das: „anima" (das weibliche Prinzip) und „animus" (das männliche Prinzip) in Mann und Frau wahrnehmen und integrieren. Ich muß das mir Eigene entdecken, ans Tageslicht holen, es leben oder gegebenenfalls verändern – auch wenn das, was ich da in mir finde, vielleicht dem Bild der Frau so auf den ersten Blick nicht unbedingt entspricht.
Gleiches gilt auch für Kirche, Gesellschaft und Politik: „Anima" und „Animus" müssen entdeckt und integriert werden – oder anders gesagt: miteinander versöhnt werden und in Spannung bleiben. Eine Versöhnung hebt die Spannung nicht auf, sondern nutzt sie fruchtbar für das gemeinsame Ziel. Ob die Zulassung der Frau zu Diakonat und Priesteramt in der derzeitigen Form unbedingt das erstrebenswerte Ziel ist, bezweifle ich. Eine solche

Forderung ist sinnvoll unter dem Ziel der Gleichberechtigung, nicht aber unter dem Ziel der Versöhnung von Weiblichem und Männlichem. Wenn das weibliche Prinzip in solche Ämter und Institutionen einziehen soll, dann bedeutet dies eine Veränderung der Ämter und Institutionen. Dann darf dort nicht mehr nur ein männliches Prinzip regieren, sondern dann muß das Weibliche dort Einzug halten. Und das ist mehr, als wenn männlich geprägte Stellen und Ämter nun durch Frauen besetzt werden, die sich bemühen, sich möglichst gut an diese männlichen Strukturen anzupassen. Die Form muß sich ändern. Und das kann schmerzhaft sein, weil es Veränderung bedeutet, das kann Angst machen.

Solange ein Prinzip übermächtig ist, sei es nun das Männliche oder das Weibliche (egal, ob durch Männer oder Frauen oder beide repräsentiert), solange sind wir, ist die Kirche, unsere Gesellschaft, unsere Welt, kein Abbild Gottes. „Gott schuf den Menschen als sein Abbild, als Mann und Frau schuf er sie.“

Deshalb kann ich Gott auch nicht auf die Frage reduzieren, ob er männlich oder weiblich ist. Er ist beides und zugleich etwas, das eine solche Begrifflichkeit übersteigt.

Bei meinem Nachdenken darüber half mir kürzlich eine junge Frau, die ihre vier Monate alte Tochter zu einem Seminar mitbrachte. Auf die Frage „Wer ist Gott für mich?“ sagte sie einfach: „Familie.“ Ich stutzte einen Moment und dachte dann: Das macht wirklich etwas von dem Geheimnis Gottes deutlich. Gott ist Mann und Frau und Kind – und ist zugleich doch mehr als die einfache Summe dieser drei. Gott ist auch die Beziehung der drei untereinander, ist Konflikt und Gemeinschaft, ist Nähe und Distanz, ist Leben zeugend und behütend. Gott ist „Familie“ – das könnte ein Weg aus der blockierenden

Diskussion heraus sein, ob Gott Mann oder Frau ist. Gott ist beides und zugleich das, was aus einer solchen Beziehung zwischen Mann und Frau wächst und lebt. Zugegeben, manche haben eine solche Art von „Familie“ nie erleben dürfen – es nimmt diesem Bild trotzdem nichts von seiner Kraft, finde ich.
Gott ist Familie – ist Mann und Frau und Kind, ist alles und nichts … ich gebe zu, ein solches Bild finde ich erheblich spannender als die Frage, ob Gott Mann oder Frau sei …

Gott und Mensch

Vor einigen Tagen las ich eine kleine Notiz in einer Zeitschrift, die mich nachdenklich machte: *„Glaube heilt gebrochene Knochen“;* so lautete die etwas plakative Überschrift. Der kurze Artikel berichtete von einer Untersuchung von älteren Frauen in Chicago, die nach einem Oberschenkelhalsbruch operiert worden waren. Dabei stellten die Ärzte fest, daß „fromme“ Frauen viel seltener an Depressionen litten und auch schneller wieder gehfähiger wurden als „ungläubige“ Frauen.
Gott als Zaubermeister, der die Guten belohnt und die Bösen bestraft? Ein solches Denken macht Gott klein, überträgt eher menschliche Vorstellungen auf einen, der sich allen Vorstellungen entzieht. Wunderbare Heilungen? Davon weiß die Zeitschrift nichts zu berichten, direkte „Wunder“ sind in Chicago wohl nicht geschehen. Ob Gebete erhört wurden? Eine schwierige Frage, die so in dieser Form vielleicht gar nicht zulässig ist. Sie führt in eine Falle, unterstellt Gott wiederum ein Denken und Handeln, wie wir es von den Menschen her kennen – da werden Bitten erhört und abgelehnt.
Ich glaube, daß da etwas anderes geschehen ist: Menschen, die an Gott glauben, haben ein „Gegenüber“. In ihrem Leben gibt es jemanden, gibt es etwas, auf das sie ihre Hoffnungen richten können. Sie haben einen Ort für ihre Klage, jemanden, zu dem sie ihre Angst hinschreien können. In den dunklen Stunden der Nacht können diese Menschen beten und darin Zuflucht finden. Sie ahnen

und hoffen darum, daß der Tod, sollte er jetzt kommen, eben nicht nur ein Ende ist, sondern auch der Anfang eines neuen, anderen Lebens. Sie erleiden deshalb ihre Leiden, ihre Angst, ihre Einsamkeit nicht weniger schmerzhaft als Menschen, die nicht an Gott glauben – Gott ist kein Zauberer, der all dies einfach wegnimmt. Aber ein solcher Glaube kann den Blickwinkel, die Perspektive verändern. Bei allem Kampf mit diesem Gott – ich habe doch zumindest jemanden, mit dem ich kämpfen kann, den ich anklagen kann, zu dem ich meine Not hinausschreien darf.

Das aber verändert mich. Durch mein Gebet, mein Klagen, mein Hoffen kann ich Dinge beim Namen nennen, aussprechen, sie zulassen, mich vielleicht sogar mit ihnen aussöhnen. Ich habe einen Ort, an dem ich das abladen kann, was mich niederdrückt. Das kann Mauern in mir abbauen, Blockaden aufbrechen, Kräfte freisetzen. Es kann einen Selbstheilungsprozeß in Gang setzen oder unterstützen, der logisch und wissenschaftlich manchmal gar nicht erklärbar ist. Manche mögen das „Wunder" nennen.

Weil es einen Gott gibt, an den ich einen Teil der Verantwortung „delegieren" kann, mich damit entlasten kann, kann ich mich auf mich konzentrieren, kann ich wieder „heil" werden, indem ich mich mit meinen Verletzungen und Behinderungen versöhne.

Nur in diesem Sinne „nimmt" Gott meine Schmerzen und mein Klagen von mir. Er nimmt es nicht weg, sondern hilft mir dabei, es in mein Leben zu integrieren und damit zu leben. Nicht Gott braucht mein Gebet, sondern ich brauche es.

Weil es Gott gibt, darf ich Mensch sein, mit all dem, was mein Mensch-Sein ausmacht. Befreiend kann der Glaube an diesen Gott sein, weil er mich zu meinem Mensch-

Sein befreit. Glauben heißt, ein „göttliches Gegenüber“ zu haben und gerade deshalb Mensch sein zu dürfen.
Und in einem solchen Sinn kann Glaube wirklich „heilsam“ sein: Ich kann mein Mensch-Sein annehmen, mit allem Leid und allen Schmerzen. Und das verändert mich und mein Erleben.
Deshalb kann ich mir gut vorstellen, daß „fromme“ Menschen es manchmal wirklich ein wenig leichter haben, gesund zu werden – und dies gilt nicht nur für Chicago.

Macht und Ohnmacht

Ein seltsames Ende eines Festes: Die kleine Gruppe hat das Haus verlassen, in dem sie miteinander gefeiert haben. Die meisten von ihnen sind müde geworden und eingeschlafen in einem kleinen Wald im Dunkel der Nacht. Nur einer von ihnen wacht, etwas abseits von den anderen – und kämpft den Kampf seines Lebens: Jesus am Ölberg, in tiefster Todesangst, in der Auseinandersetzung mit seinem Gott, den er immer noch Vater nennt. „Laß diesen Kelch an mir vorübergehen!" Laß nicht zu, daß ich sterben muß! Ein Schrei mag es gewesen sein.
Jesus, der einsame Mann am Ölberg, spürt, daß er mit seiner Kraft am Ende ist. Und so bittet er die Freunde: „Wachet und betet mit mir!", um nicht der Versuchung zu erliegen, sich einfach zu entziehen, so zu tun, als ob nichts gewesen sei. Die Freunde aber, vielleicht noch in angenehmer Feststimmung, müde vielleicht, bekommen von seinem Kampf nichts mit. Sie hören seine Worte, um dann doch wieder einzuschlafen.
Es mag eine der einsamsten Stunden im Leben Jesu gewesen sein – von den Freunden verlassen, den Tod vor Augen, ein Gott, der schweigt. Noch einsamer kann ein Mensch nicht sein.
Er flüchtet nicht vor dieser Stunde, indem er das Fest einfach weiterfeiert oder neue Vorhaben angeht, sondern er hält die Einsamkeit aus. In der abgrundtief erlebten Verlassenheit bleibt er treu, begibt sich in die absolute Machtlosigkeit hinein.

Mag sein, daß es diese nächtlichen Stunden der Einsamkeit gebraucht hat, um den kommenden Tag aushalten zu können, sich nicht zu entziehen: Gefangennahme, Folterung, Verurteilung, Ermordung. Brutal ans Kreuz geschlagen, muß er erkennen, daß die meisten Freunde ihn verlassen haben.
Ich kann sie verstehen, diese Freunde. Alle Hoffnungen hatten sie auf ihn gesetzt, Haus und Hof verlassen, die eigene Familie vor lauter Begeisterung vergessen. Er würde alles wenden, alles gut machen, ihm konnten sie glauben. Und jetzt – ihre Hoffnungen und Träume ans Kreuz geschlagen, brutal gemordet von den Mächtigen des Landes.
Der Weg Jesu ist ein anderer Weg. Er sprengt den herkömmlichen Rahmen, er verläßt die Muster unseres normalen Denkens. Jesus begibt sich in die Ohnmacht, er erleidet die scheinbare Niederlage, schlägt sich auf die Seite der Verlierer. Und gerade dadurch entlarvt er die Sieger und demaskiert die Macht. Durch seinen Tod, seine scheinbare Niederlage, konnte sich eine Bewegung bilden, die bis heute, zweitausend Jahre später, von diesem Mann erzählt und versucht, ihm nachzufolgen.
Gott wird oft nur im Schönen und Guten gesucht. Man will ihn als Obiekt der Anbetung, an den man bestimmte Dinge delegieren kann. Gott zu suchen in der Niederlage, im Scheitern – auf die Idee kommen wir nicht. Gott aber entfaltet seine Macht gerade in der Machtlosigkeit.
Es ist vielleicht gar nicht so entscheidend, ob wir „gewinnen" oder „verlieren". Es könnte sein, daß dies Worte sind, die zu einem Denken gehören, das Gott nicht zu eigen ist, falls man überhaupt als Bild davon sprechen darf, daß „Gott denkt". Vielleicht ist es viel entscheidender, die Stunde am Ölberg nicht zu fliehen, Einsamkeit, Verlassenheit, Ratlosigkeit zuzulassen, sich in sie hin-

einzubegeben – um vielleicht im Scheitern leben zu lernen trotz und wegen des Todes. Mag sein, daß wir uns in solchen Stunden von ihm verlassen fühlen. Möglicherweise aber begleitet er uns gerade dann, vielleicht ist er uns dort am nächsten.

Ich bin Lust am Leben

Es war ein herrlicher Septembertag: stahlblauer Himmel, einige kleine weiße Wolken, es war warm, nicht zu heiß, einer dieser schönen herbstlichen Tage.
Von alledem aber nahm ich an diesem Nachmittag wenig wahr. Ich war krank, hatte ein Seminar abbrechen müssen, war am Vormittag beim Arzt gewesen, jetzt fingen die Untersuchungen an. Ich grübelte vor mich hin, brütete dunkle Gedanken aus, meine Phantasie ging mit mir durch. Ich befürchtete, daß es irgendwas Schlimmes sein könnte, hatte Angst vor Schmerzen und dem Ausgeliefert-Sein, war traurig, daß mir diese Krankheit auch einen Strich durch einige angenehme und schöne Pläne machte – und suchte zugleich nach der Botschaft, die mein Körper mir mit dieser Krankheit mitteilen wollte.
Mitten in meine trüben Gedanken hinein klingelte das Telefon. Ich meldete mich etwas müde und unwillig, größere Aufregungen konnte ich im Moment genausowenig brauchen wie Menschen, die etwas von mir wollten. Ich war grad genug mit mir selbst beschäftigt.
„Ich bin Lust am Leben!“ sagte die Stimme am Telefon, ohne sich zu melden. Ich stutzte einen Moment, erkannte dann, daß es der Lektor des Verlages war, der mir auf diese Weise die Entscheidung über den Titel dieses Buches mitteilen wollte, um den wir lange gerungen hatten.
Ich bin Lust am Leben – und ich saß mufflig, vergrübelt und ausgesprochen unlustig an meinem Küchentisch. Es

half nichts – ich mußte doch lachen. „Ja“, antwortete ich, „das kann man wohl sagen: Ich bin Lust am Leben!“ Wir klärten noch einige Fragen, legten dann auf. Aber dieser Satz ließ mich den ganzen Nachmittag nicht mehr los: Ich bin Lust am Leben.

Krank, in meine eigenen Gedanken verbissen, beherrscht von Angst und Ungewißheit – auch das ist Leben. Lust am Leben – das hat manchmal wenig mit „lustig“ zu tun. Das Leben kann einem ganz schön unter die Haut gehen. Bei schönen Erfahrungen nehmen wir dies oft als selbstverständlich hin – bei unangenehmen Erfahrungen aber, konfrontiert mit Angst, Tod, Einsamkeit, sind wir oft blind dafür, was denn dies nun mit Leben zu tun haben soll – und auch noch mit „Lust“ am Leben.

Das Leben nur auf die netten und angenehmen Dinge zu begrenzen ist eigentlich ein Verrat am Leben, ist Flucht, Verdrängung. Leben ist nicht nur Sonnenschein, sondern ist auch Regen. Es braucht beides, um zu wachsen. Und wenn ich so im nachhinein auf mein Leben zurückschaue, wird mir bewußt: Oft waren es die dunklen Stunden meines Lebens, in denen ich einen wichtigen Schritt getan habe.

Eine Bekannte schrieb mir vor kurzem: „Ein Regenbogen entsteht nur dort, wo es Regen *und* Sonne hat.“ Wenn ich den Regenbogen sehen will, dann gehört auch der Regen zu meinem Leben mit dazu.

Zusage

Regenbogen

schillernde Vielfalt
der Farben

nicht greifbar
und doch Ziel

Verheißung und
Sehnsucht

Trost und
Suche

Aussaat und
Ernte

Sommer und
Winter

Tag und
Nacht

Sonne und
Regen

nie wird mehr enden

„Solange die Erde besteht, sollen nicht aufhören Aussaat und Ernte, Kälte und Hitze, Sommer und Winter, Tag und Nacht" (Gen 8, 22).

Von der Einsamkeit

Heute bekam ich einen Brief von einer Leserin. Unter anderem schrieb sie: „Eins habe ich in meinem Leben noch nie so erfahren, und das ist Einsamkeit. Kann man überhaupt einsam sein, wenn man an Gott glaubt? Alleinsein ist doch noch keine Einsamkeit, oder?“ In meiner Antwort schrieb ich zurück: „Sie haben noch nie die Einsamkeit erfahren?“ – und wollte fortsetzen mit: „Seien Sie froh!“, aber ich stockte plötzlich. Da stimmte etwas nicht. In mir war auf einmal der Satz: „Seien Sie traurig darum!“ – aber den konnte ich ja auch schlecht so schreiben. Ich fand irgendwie eine allgemeine Wendung, die weder das eine noch das andere sagte, schrieb den Brief fertig, legte ihn an die Seite und dachte nach.
Es stimmte: Fast bedauerte ich diese Frau, daß sie nie die Einsamkeit erfahren hatte. Ich habe sehr einsame Stunden hinter mir, Stunden, in denen ich mich von den Menschen, den Freunden und auch von diesem Gott verlassen fühlte, ja Stunden, in denen ich mich vielleicht sogar selbst verlassen habe.
Es waren harte Stunden, leidvoll, manchmal tränenschwer. Und solche Stunden haben absolut nichts mit Allein-Sein zu tun. Manchmal ist die Einsamkeit, die man bei einem Gespräch mit dem Partner, einem Freund erlebt, viel schlimmer als das gemütliche Mit-sich-allein-Sein abends zu Hause. Wenn da ein Mensch ist, dem man sich gerne verständlich machen möchte, dem man etwas sagen will – und der versteht mich nicht, will

mich vielleicht auch gar nicht verstehen, kann mich nicht verstehen –, das ist oft noch viel verletzender als die Situation, wenn ich abends müde und entspannt daheim und mir selbst grad genug bin.
Einsamkeit – das ist das absolute Getrennt-Sein von den Menschen, von Gott, der Welt, den Freunden – von mir. Alleinsein dagegen ist das „Für-mich-sein-Können“, mir selbst genug sein. Es kann die absolute Verschmelzung sein mit mir, Gott, der Natur, den Menschen, ohne daß auch nur irgend jemand um mich herum ist. Und zwischen beidem liegen Welten.
Mitten in meiner Einsamkeit warte ich darauf, daß mich jemand holen kommt. Es ist ein passiver Zustand. Da kann ich nicht anrufen, sondern warte darauf, daß mich jemand anruft. Das ist ein Unterschied. In meiner Passivität, aus der ich zugleich nicht heraus kann, warte ich darauf, daß mir jemand signalisiert: Du, ich meine dich! Und dann ruft niemand an …
Ich weiß nur eines: Diese Stunden der Einsamkeit, so leid- und schmerzvoll sie auch waren und sind, waren tiefe Stunden des Lebens für mich. Ich möchte sie bei aller Schmerzhaftigkeit nicht missen. Ohne sie wäre ich nicht die, die ich heute bin. In diesen Zeiten habe ich Erfahrungen gemacht, die mich auf meinem Weg weitergebracht haben. Diese Stunden zeichnen sich auch in den grauen Haaren, den Falten in meinem Gesicht – sie machen das Leben nicht unbedingt hübscher, aber ausdrucksvoller.
Das will nicht einfach trösten – es will von der Kraft erzählen, die solche Stunden in sich bergen, von der Kraft, die eben daraus wächst, daß ich kraftlos bin, von der Macht, die aus der durchlebten Machtlosigkeit kommt.
Kürzlich las ich irgendwo: Verletzte, verwundete Menschen sind die kräftigeren – sie haben erfahren, daß sie

an diesen Wunden nicht sterben. Meine Schwäche, meine Einsamkeit ist etwas, was mich auch stark macht. Nur um nicht falsch verstanden zu werden: Suchen muß ich das Leiden deswegen nicht! Wenn ich offen dem Leben gegenübertrete, da erlebe ich grad schon genug Leidvolles, um daran zu wachsen. Ich muß mich nicht auch noch selbst ans Kreuz schlagen, muß die Peitschenhiebe der anderen nicht suchen, muß mich nicht unnötig in Schmerz und Leid hineinbegeben.

„Stirb nicht mehr, als zu sterben nötig ist“, so las ich, sinngemäß. Es dreht sich nicht um das Leiden um des Leidens willen – es meint das Leiden, das ein Leben, offen gelebt, mit sich bringt. Das Leben hat seinen Anteil an Leid – da muß man gar nicht erst so groß auf die Suche gehen. Für den einen kommt es früher, für den anderen später.

Mag sein, es kommt auf das Verständnis an: Sehe ich das Leiden als Chance zum persönlichen Wachsen, oder ist es für mich die Rache eines unverständlichen Gottes, eines bösen „Gegenübers“? Nutze ich es aktiv, um daran zu wachsen, oder verstehe ich es passiv als persönliche Beleidigung? Leiden ist menschlich – Gott hier ins Spiel zu bringen ist problematisch und im wahrsten Sinne des Wortes fragwürdig.

Ich persönlich glaube daran, daß dieser Gott will, daß wir leben – und daß er gerade deswegen uns das Leiden und Durcheinander in unserem Leben nicht wegnimmt, soviel wir auch darum bitten mögen.

Vielleicht gehen da auch so manche Gebete in die falsche Richtung. Das Leiden kann Gott uns nicht wegnehmen. Wichtiger wäre es, daß dieser Gott uns die Kraft dazu gibt, diese leidvollen Stunden zu leben, vielleicht auch nur zu überleben – manchmal ist das schon viel.

Ich habe mir angewöhnt, den Menschen, denen ich begegne, „wichtige“ Erfahrungen zu wünschen – manchmal bin ich mir so verflixt unsicher, ob „gute“ Erfahrungen allein etwas nutzen … – und was „gute“ Erfahrungen eigentlich überhaupt sind …

Flieh nicht den Schmerz

Narben erzählen vom
Leben

Wunden sind
Aufbruch

leidenschaftlich die
Sehnsucht

Heilsame Zeit der Krankheit

Vor einiger Zeit wurde ich überraschend krank. Eine Infektion, leichtes Fieber, Schmerzen – objektiv gesehen, nichts Großes. Aber ich *fühlte* mich krank, nicht in Ordnung, irgend etwas stimmte nicht. Was war denn da nur los? Anfangs rebellierte ich: Ich kann doch keine Termine absagen, da ist so viel zu tun, und überhaupt – ich kann diese Krankheit jetzt doch überhaupt nicht brauchen! Dann aber verstand ich: Mein Körper will mir etwas sagen, will mich auf etwas hinweisen. Er ist nicht gegen mich, sondern für mich – auch wenn es meine kurzfristigen Pläne gerade etwas durchkreuzt. Und je mehr ich darüber nachdachte, um so deutlicher wurde mir, daß mich mein Leib mit diesen Schmerzen auf einen existentiellen Mangel in meinem Leben hinweisen wollte. Ärztliche Diagnosemethoden können diesen Bereich nicht erfassen, das kann nur der Arzt als Mensch.
Der Begriff des „Heil-Seins" ist mir in den Tagen eingefallen. Heil-Sein, das ist eine andere Dimension als „krank" oder „gesund". Es kann beides beinhalten und ist zugleich doch mehr. Kranke können „heil" sein – genauso wie Gesunde eben nicht „heil" sein können. Mit der Krankheit leben, sie ernst nehmen, als Botschaft des Körpers hören – das ist Heilung. Gesund sein, dabei aber meinen Körper als Ersatzteillager verstehen, als etwas, das funktionieren muß, das sich meinen Wünschen unterordnet – das ist Unheil. Unheil aber kann krank machen.

Und deshalb mag so manche Krankheit durchaus heilsam sein: Ich lerne hinzuhören auf meinen Leib, verändere mein Verhalten, lerne das Leben neu schätzen. Das Selbstverständliche wird in Frage gestellt und neu kostbar: zum Briefkasten gehen können und einen Brief einwerfen, daß das Essen schmeckt, schlafen können, ohne Angst zu haben.
Ich habe in diesen Tagen gelernt, daß Krankheit ein Schritt zur Heilung sein kann.

Das Dunkel aushalten

Mitten im Tun
plötzlich

zurückgeworfen
auf mich selbst

bin ich
schmerzhaft

Wunde
und Traum

Stärke
und Ohnmacht

Angst
und Kraft

Maske
und Mensch

und Mut
zur Trauer

mit Tränen
in den Augen

bin ich

Lust
am Leben

Ja und Nein

Eine Zeitschrift hatte Auszüge eines Artikels von mir zum Thema Kirche abgedruckt. Zuerst freute ich mich, als ich meinen Namen entdeckte, als ich dann aber den Beitrag durchlas, stieg Ärger in mir hoch. „Zwischen Zorn und Zärtlichkeit", so lautete die Kapitelüberschrift in dem Buch – und die Herausgeber der Zeitschrift hatten den Artikel so gekürzt, daß fast nur noch die „zärtlichen" Aussagen zur „Mutter Kirche" darin vorkamen, der Zorn war unter den Tisch gefallen. Mein Ärger war seltsam: Ich war eigentlich nicht richtig wütend, sondern fühlte mich eher ohnmächtig und traurig.
Eine Bekannte, die diesen Artikel auch gelesen hatte und das Buch kannte, half mir einige Tage später, mich zu verstehen. Sie war schlichtweg wütend über den Artikel und sagte zu mir: „Wenn die den Zorn wegnehmen und nur die Zärtlichkeit übriglassen, dann machen sie die Zärtlichkeit kleiner. Die positiven Aussagen zur Kirche werden erst dadurch wirklich wertvoll, daß sie vor dem Hintergrund des Zorns und des Ärgers über die Kirche gesprochen sind. Und wenn die das wegnehmen, dann entwerten sie die Zärtlichkeit!" Ja, das war's, dachte ich – das ist es, warum ich traurig war und mich zugleich so ohnmächtig fühlte, als ich den Artikel gelesen hatte.
Dadurch, daß der scheinbar negative Pol einfach weggelassen wurde, hat der positive an Größe verloren, die Höhen und Tiefen werden egalisiert – und es bleibt nur

etwas Gerades und Langweiliges übrig, das sich zwar positiv anhören mag, aber keine Leuchtkraft mehr entwickelt. Und das macht zugleich hilflos, denn was will man schon gegen etwas scheinbar Positives sagen?
In den folgenden Tagen dachte ich noch oft über ihre Bemerkung nach. Dabei fiel mir auch das Wort Jesu ein: „Euer Ja sei ein Ja, euer Nein ein Nein“ (Mt 5,37). Wenn es in meinem Leben kein Nein gibt, wenn ich immer nur ja sage, dann ist mein Ja nichts wert. Mein Ja wird erst dadurch zu einem Ja, wenn es auch ein Nein gibt.
Wenn ich das scheinbar Unangenehme, nicht so Schöne aus meinem Leben herausnehme, wenn ich nur das Positive lebe, dann mache ich mich selbst arm. Mein Zorn macht meine Zärtlichkeit wertvoll, das Nein gibt dem Ja seine wirkliche Bedeutung.

Zwischen Traum und Tradition

I. Ich will weg!!!

Mutter
gib mir die Jacke
ich will geh'n

ich mach das Spiel nicht länger mit
ich habe genug von deinem leeren Gerede
ich glaub dir nicht mehr
daß du es gut mit mir meinst

hörst du, Mutter
ich will geh'n

ich will leben
endlich leben
ohne deine Verbote
deine angeblichen Lebensweisheiten
ich habe keine Lust mehr
mir die Geschichten anzuhören
wie schön es früher einmal war

jetzt
will ich leben
und nicht im Gestern

was für euch richtig war
stimmt für uns noch lange nicht

ich will leben
endlich leben

Ich verstehe dich nicht
Mutter
und ich will dich auch nicht mehr verstehen
du sprichst von Leben in Fülle
und läßt es doch nicht zu
du sprichst von Liebe
und erschlägst mich mit Gesetzen und Vorschriften
du sagst das eine
und tust das andere

und noch immer
Mutter
liebst du meinen Bruder mehr
als mich

Nein
Mutter
hörst du
ich sage nein
ich will nicht mehr
ich will deine scheinbare Sorge um mich nicht mehr
die mich doch nur an dich fesseln soll
ich will nicht mehr das Beste
wenn es nur das ist
was du darunter verstehst
ich will deine Hand nicht mehr
die mich nicht stützt
sondern nur zurückhält
deine Geschichten kannst du anderen erzählen
deine guten Ratschläge für dich behalten

Mutter
laß mich endlich los
damit ich frei sein kann
hör mir zu

schau mich an
damit ich endlich weiß
daß du mich ernst nimmst
als Mensch und Frau

Aber
ich glaube nicht mehr daran
zu oft schon
wurde ich nicht ernst genommen
für unmündig erklärt
mit einem Lächeln abgespeist
zu oft hast du gesagt
bleib doch bei mir
ich brauch dich
und hast mich doch nur gewollt als Objekt deiner Liebe

ich gehe jetzt
Mutter
dorthin
wo ich mein Leben leben kann
ohne daß mir dauernd einer nur davon erzählt
dorthin
wo ich sagen kann
ich bin frei und Mensch
dorthin
wo ich ernst genommen werde
ohne Gesetze und Vorschriften
Dogmen und dem
was man halt tut

Mutter
mach deine Kirche
mit wem du willst

aber nicht mehr mit mir

II. … und doch hält mich irgendwas

Hörst du, Mutter
ich will gehen …

Ich stehe an der Tür
und schaue zurück
das Taufbecken aus dunklem Stein
das Farbenspiel der Glasfenster auf dem Boden
die vertrauten Worte und Gebete
das kraftvolle Spiel der Orgel
das abgegriffene Gesangbuch
mit den Andachtsbildchen darin

und ich erinnere mich
wie erleichtert ich mich nach der Beichte fühlte
die herzliche Umarmung des Freundes beim Friedensgruß
die stille Stunde im Kreuzgang
mein Klagen und Schreien in der kleinen Kapelle
als ich nicht mehr weiterwußte
die Kerze, die ich für den Freund anzündete

Ich stehe an der Tür
und schaue zurück

Doch, da war auch Geborgenheit
ich war aufgehoben
umsorgt
behütet
nichts Schlimmes konnte mir geschehen
ich wußte
wo ich hingehörte
da war und ist
Sicherheit

Da sind Freunde

Menschen
durch die ich zu der geworden bin
die ich heute bin

ich will nicht gehen
Mutter
und doch zwingst du mich dazu
manches ist mir lieb und teuer
aber wenn dies heißt
daß ich alles nehmen muß
dann laß ich lieber auch das
was ich gerne behalten würde

du zwingst mich dazu
du
stellst mich vor die Entscheidung
gehen
oder bleiben

so gern ich bleiben würde.
vor diese Entscheidung gestellt
muß ich gehen

III. Zwischen Traum und Tradition

Ich träume von einer Kirche
und ich erlebe eine Kirche
und ich trauere darum
daß beides oft so wenig miteinander zu tun hat

Meine Kirche ist eine andere Kirche
und doch ist
diese Kirche
meine Kirche
Traum

und Tradition
und ich irgendwo dazwischen
unruhig
heimatlos
irgendwie verwurzelt
und doch
aufbrechend

aufbrechend
und doch verwurzelt

ich will weg
und komm nicht los
ich bin fort
und sehne mich zurück

Ich bin zornig
und warte darauf
geliebt zu werden
ich liebe
und werde ins Abseits gestellt

was ist das für eine Kirche?
was ist das für ein Glaube?
was ist das für ein Gott?

Mutter
versteh mich doch endlich
werde endlich die
die du vorgibst zu sein
damit ich bleiben kann

der Aufbruch schmerzt
schlägt Wunden

und doch
drängt das Leben

aufzubrechen
loszugehen
meine Welt zu schaffen
meine Erfahrungen zu sammeln

ich weiß
du hast Angst
weil du dich sorgst
hältst du mich fest
erst im Weggehen erkenne ich das

deine Tochter ist erwachsen geworden

Ich muß weggehen
um heimkommen zu können

das ist die größte Tat deiner Liebe
mich gehen zu lassen
und mir Mut zum Aufbruch zu machen

Du bist viel
aber nicht alles
Mutter
deine Erfahrungen
treffen nicht meine Lebenswelt
ich muß das Leben für mich
und möglicherweise anders
buchstabieren
das Haus
das ich baue
mag anders aussehen als deines
aber warum dem Fundament mißtrauen

glaubst du etwa nicht
daß es hält?

Mutter
ich kann nicht deine Tochter sein
solange ich nicht weiß
wer ich bin

wenn ich
ich geworden bin
mag sein
daß ich dann wieder sagen mag
ich bin deine Tochter

laß mich los
damit ich deine Tochter werden kann

warum hilfst du mir nicht dabei
diesen Weg zu gehen?
Und doch
ahne ich
du kannst mir nicht helfen

solange ich schreie
Mutter
laß mich los
bin ich noch nicht bereit
loszugehen
solange ich von dir
Hilfe zum Aufbruch will
mache ich mich sogar noch im Gehen
abhängig
von dir

Ich will Kirche leben
Kirche sein
zwischen Tradition
und Traum

IV. Bleibend zu gehen und gehend zu bleiben

Ich
bin Kirche
und will Kirche sein
diese Kirche und zugleich
eine andere Kirche
und ich werde nicht länger fragen
ob man mir einen Platz dafür einräumt
sondern ich werde
in dieser Kirche einfach sein
bleibend und gehend

ob ich diese Spannung aushalten kann?

bleibend zu gehen
und
gehend zu bleiben

zu bleiben
oder
zu gehen
wäre einfacher

das aber
ist nicht gefragt

Meinen Aufbruch
in der
Geborgenheit zu wagen
aus der Geborgenheit
aufzubrechen

mich zu distanzieren
damit ich
ich werden kann

mich hineinzubegeben
damit ich aufgehoben bin

annehmen und auflehnen

erst dann
entsteht Bewegung
die Leben schafft

Mutter
ich will gehen
um zurückkommen zu können
ich will bleiben
um aufzubrechen
dadurch werde ich eine andere werden
du wirst eine andere sein

ich will meinen Traum
in deiner Tradition leben
deine Tradition
soll meinen Traum bergen

wenn ich
ich bin
kannst du
zu einem Du werden

mag sein
daß ich dann sagen kann

Mutter

Gehen und bleiben

Kirche zwischen Anspruch und Wirklichkeit, das ist eine ungeheure Spannung gerade für all diejenigen, die eigentlich eine Kirche als Weggemeinschaft, als Volk Gottes unterwegs, sein wollen – und angesichts der erlebten Realitäten manchmal verzweifeln. Diese Christen träumen von Geschwisterlichkeit und erleben Hierarchie, Dienstwege und Erlasse. Sie versuchen, sich einem Gott zu nähern, der Vater und Mutter ist – und erleben, daß in unserer Kirche Frauen nach wie vor Menschen 2. Klasse sind. Sie setzen sich ein für ein „Leben in Fülle", gerade auch in unseren Kirchen – und stehen ohnmächtig und zornig dem Umgang der Amtskirche mit wiederverheirateten Geschiedenen oder Homosexuellen gegenüber. Kirche zwischen Anspruch und Wirklichkeit …
Diese Spannung hautnah zu erleben ist oft sehr schmerzhaft. Und es gibt sehr unterschiedliche Möglichkeiten, wie Menschen damit umgehen. Manche engagieren sich noch mehr, in der Hoffnung, doch etwas verändern zu können, andere suchen Nischen, in denen ein Überleben in dieser Kirche möglich ist – und wieder andere, und das sind oft nicht die schlechtesten Mitchristen, sehen keine andere Möglichkeit mehr, als diese Kirche zu verlassen. „Gehen oder bleiben" – das scheint zunehmend die Frage zu sein und zu werden. Und immer mehr Menschen, die sich bisher engagiert für die Kirche eingesetzt haben, entscheiden sich derzeit eher für das „Gehen", weil sie keine Kraft mehr haben, um diese Spannung

auszuhalten, weil sie durch ihr Engagement manche negative Formen von Amtskirche nicht länger unterstützen wollen oder weil sie vielleicht auch einfach resigniert haben. Es sind Menschen, die oft sehr lebendig auf der Suche nach ihrem Gott und nach einer Kirche sind, die anders ist als die, die sie erleben.
Solche Spannungen wie die zwischen Ideal und Wirklichkeit sind nichts Neues in der Menschheitsgeschichte und auch nicht auf Kirche allein begrenzt. Gewerkschaften, Parteien und Verbände werden genauso mit ihrem eigenen Anspruch und Ideal konfrontiert wie z.B. die Idee der Demokratie. Und immer wieder erleben Menschen auch in ihrem eigenen Leben den Unterschied zwischen Anspruch und Wirklichkeit.
Manche versuchen, sich dieser Spannung zu entziehen, weil das Aushalten oft schmerzhaft sein kann. Möglicherweise aber braucht es eine solche Spannung im Leben der Menschen, indem sie eine Dynamik, eine Bewegung des Lebens überhaupt erst möglich macht.
Dies gilt wohl auch für unsere Kirche. Die Alternative „gehen oder bleiben“ ist vielleicht falsch gestellt und könnte statt dessen heißen „gehen und bleiben“. Dort, wo Kirche tot ist, wo Gesetze den Menschen einengen, statt ihn zum Leben zu befreien, mag „gehen“ angesagt sein – und ein Bleiben dort, wo Kirche auch als Heimat erlebbar wird, wo Kirche sich für das Leben einsetzt, wo sich Menschen miteinander auf den Weg machen. Dabei ist Kirche nicht nur die offizielle Amtskirche, sondern Kirche ereignet sich überall dort, wo Menschen miteinander den Glauben probieren, also im Sinne des Evangeliums Leben erfahren, deuten und entsprechend handeln.
Annehmen und Auflehnen, so könnte ein Begriffspaar lauten, das dabei helfen kann, diese Spannung zu leben und auszuhalten. Diese Kirche einerseits in ihrer

Menschlichkeit und Vorläufigkeit annehmen und sich zugleich dort zu engagieren, sich aufzulehnen, wo diese Kirche dem Sinn des Evangeliums untreu wird. Annehmen und auflehnen – das steht in einer guten christlichen Tradition.

Auszug

du gehst
und ich
bleibe

wieder
etwas einsamer
wieder
etwas verlorener

tröste ich meine Tränen
es ist gut
für dich

sage ich meiner Hoffnung
jetzt mußt du
noch ein bißchen wachsen

frage ich meine Zärtlichkeit
hältst du
noch durch?

beschwöre ich meine Träume
gebt nicht auf!

traue ich meinen Zweifeln
es müßte nicht sein

    und niemand
    dem ich die Faust
    ins Gesicht schlagen kann

„Tröstet, tröstet mein Volk!“

(Jes 40,1)

Wer sich auf das Leben einläßt, hat es nicht immer leicht. Manche meinen, die Zusage Jesu, „Ich bin gekommen, damit sie das Leben haben und es in Fülle haben“, wäre eine Art Garantie für nette, freundliche Lebensstunden. Dem aber ist nicht so.
Wenn ich mich auf das Leben einlasse, dann kann ich mir nicht nur die angenehmen und schönen Seiten heraussuchen. Wer bewußt lebt, wird zwar die Stunden des Glücks und der Liebe kraftvoll erleben, in der gleichen Intensität aber auch die dunklen Zeiten seines Lebens. Leben in Fülle – das ist auch Dunkelheit, Krankheit, Trauer, Tod. Das ist Ohnmacht, Ratlosigkeit, Nicht-mehr-weiter-Wissen. Leben in Fülle – das geht unter die Haut, das kostet Kraft, geht an Grenzen des Aushaltbaren – und manchmal vielleicht sogar darüber hinaus. Auch das ist Leben – und will gelebt sein.
Leben in Fülle, das ist keine quantitative, sondern eine qualitative Verheißung in dem Sinn, daß mir die Erfahrungen zugesagt werden, die menschenmöglich sind. Und zu diesen Erfahrungen gehören eben auch die weniger angenehmen und schmerzhaften Stunden in meinem Leben.
Wenn ich auf mein Leben zurückschaue, so bin ich bei aller Schmerzhaftigkeit dankbar um diese dunklen Stunden. Es waren intensive Zeiten meines Lebens. Die durchlebte Angst, die geweinten Tränen, meine Einsamkeit, die Schmerzen, haben mich gelehrt, daß das Leben

stärker ist als der Tod. Verletzt bin ich oft aus solchen Stunden der Dunkelheit wieder ins Licht gekommen – verletzt, aber auch kraftvoller, empfindsamer, menschlicher.
Die Bibel kennt ein solches Dunkel im Leben des einzelnen, aber auch im Leben eines ganzen Volkes. Gott erspart seinem auserwählten Volk, sogar seinem eigenen Sohn, solche Dunkelheiten nicht. Dieser Gott nimmt das Dunkel nicht – aber er schenkt Trost. „Tröstet, tröstet mein Volk!" so heißt es bei dem Propheten Jesaja. Und dieses Wort ist für mich eine zarte Berührung mitten in meinem Dunkel, meinem Leid. Dieser Gott läßt mir meine Trauer. Er akzeptiert meinen Schmerz, entwertet ihn nicht, sondern begleitet mich, tröstend.
„Tröstet, tröstet mein Volk!" – das ist eine zweifache Aufforderung an mich: Es ist die Einladung, mich trösten zu lassen, den Trost anzunehmen, den anderen in meine Trauer hereinkommen zu lassen, so daß ein Trösten überhaupt erst möglich wird – und es ist zugleich die Aufforderung, aus meiner Erfahrung der dunklen Stunden heraus andere zu trösten.
Trösten – welch schönes Wort. Und wie gut tut jemand, der trösten kann! Mitten in mein Dunkel kommt der Anruf eines Freundes, ich kann erzählen, er hört zu, ich kann endlich weinen, wir schweigen miteinander, weil wir einfach keine Worte haben. Ich kann mein Dunkel mit jemandem teilen, der nicht davor flieht, es zusammen mit mir aushält. Er ist einfach da. Ein anderer Freund, der um mich und meine Situation weiß, schaut mich einfach nur an und nimmt mich liebevoll in den Arm.
Es braucht gar nicht viele Worte in mein Dunkel hinein. Da-Sein, Mitgehen, zu verstehen versuchen, zuhören, aushalten – das ist Trösten. Ich muß keine Lösungen

präsentieren, brauche das Dunkel nicht wegzureden. Trösten – das ist eine Kunst und zugleich etwas zutiefst Menschliches.
Mich trösten zu lassen – das ist manchmal einfacher gesagt als getan. Aus einer falsch verstandenen Stärke heraus will ich anderen nicht zeigen, wie es mir wirklich geht, aus einer falsch verstandenen Rücksichtnahme heraus will ich anderen meine Not nicht zumuten. Ich verkrieche mich, lasse niemanden mehr an mich heran, will nicht, daß meine Schwäche offensichtlich wird. Ich kann mein eigenes Dunkel nicht zulassen. Heilung kann aber erst dadurch geschehen, daß ich anderen meine Wunden zeigen, mir meine eigene Verletzbarkeit eingestehen, Trost annehmen kann.
Mag sein, daß manchmal ein solcher Schutz aus der erlebten Erfahrung heraus kommt, daß man auch falsch trösten kann: „Ist doch alles nicht so schlimm!" – „Wird schon wieder werden!" – „Anderen geht es noch schlechter als dir!" Es sind gutgemeinte Versuche. Hilfreich sind sie oft nicht. Es ist eine Form des Trostes, die vielleicht eher die eigene Hilflosigkeit widerspiegelt, die Angst davor, in diese Trauer mit hineingezogen zu werden. Ich darf das Dunkel nicht zu schnell mit glänzenden Farben übermalen, die dann doch nur Schminke sind.
Wer trösten will, muß behutsam sein, muß den Schmerz, die Verletzungen des anderen achten. Zart nur darf die Berührung sein, soll sie nicht neue Verletzungen hervorrufen. Wer wirklich trösten will, darf keine Angst vor dem Dunkel haben. Er muß es anschauen, aushalten können. Wenn ich trösten will, muß ich das Existentielle des Dunkels anerkennen, sonst kann es leicht zu einem „Vertrösten" kommen. Trösten – das ist mitgehen auf dem Weg durch das Dunkel. Jemand, der in einem solchen

Sinne trösten und mitgehen kann, weiß um seine eigenen Dunkelheiten, weiß um seine eigene Trostbedürftigkeit.
Mich macht das nachdenklich: Bin ich wirklich bereit und offen dafür, mich trösten zu lassen? Lasse ich meine Schwäche zu und bin ich auch bereit, diese Schwäche anderen zu zeigen? Und andererseits: Bin ich ein Trost für andere? Ist die Art und Weise, wie wir heute in unseren Kirchen von Gott sprechen, noch tröstlich? Sind wir bereit, die Menschen in ihrem Dunkel zu begleiten? Oder schminken wir vielleicht nicht doch das Dunkel manchmal mit irgendwelchen Farben und Vertröstungen zu?
Aushalten, dabeibleiben, mitgehen – das ist trösten. Ich kann das Dunkel aushalten, weil es einen Gott gibt, der das Dunkel kennt, der mitgeht. Ich kann mich in das Dunkel hineinwagen, brauche es nicht abzuwehren, zu verdrängen, weil dieser Gott mitgeht.
Ja, mehr noch: vielleicht kann ich das Dunkel, wenn wohl auch erst im nachhinein, auf eine neue und andere Art schätzen lernen, als eine Lebensphase, in der ich vielleicht etwas ganz Besonderes lernen und verstehen sollte, als eine Zeit, in der ein bestimmter Wachstumsschritt anstand, als eine Zeit des „Lebens in Fülle“.
Ich finde das tröstlich.

„Wir wollen uns, von der Liebe geleitet, an die Wahrheit halten ..."

(Epheser 4, 15)

Den vorhergehenden Text „Tröstet, tröstet mein Volk!" hatte ich, in einer ausführlicheren Fassung, für eine Betrachtung im Radio geschrieben. Der Beitrag sollte an einem Sonntagmorgen gesendet werden, einige Tage vorher schon hatte ich ihn im Studio aufgezeichnet.
An diesem Sonntag saß ich morgens am Küchentisch, frühstückte, hatte das Radio eingeschaltet – und so hörte ich plötzlich meine eigene Stimme mir sagen: Laß dich trösten! Tröste! Halte das Dunkel aus! Geh mit! Zugegeben, ich kannte den Text ja nun wirklich gut – aber an diesem Morgen lief es mir kalt den Rücken hinunter.
Ein Freund von mir, Pfarrer in einer Gemeinde, hatte in den vergangenen Monaten erkannt, daß er nicht zum zölibatären Leben berufen war, auch wenn er sich nach wie vor als Priester berufen fühlte. In der römisch-katholischen Kirche allerdings geht nun laut Kirchenrecht das eine nicht ohne das andere: Wer Priester sein will, muß zölibatär leben, wer eine Partnerschaft in allen Dimensionen leben möchte, kann nicht Priester sein, so sieht es das Gesetz vor. Deshalb sah der Freund sich zu der Entscheidung gezwungen, sich zwischen der Liebe zu seinem Beruf und der Liebe zu einer Frau zu entscheiden. Und er hatte sich in dem Fall für den Menschen und gegen das Gesetz, und damit scheinbar auch gegen die Menschen, zu derem „seelsorglichen Wohl" er vom Bischof bestellt worden war, entschieden.
An diesem Sonntag nun fand sein letzter Gottesdienst in

dieser Gemeinde statt. Als Zeichen der Solidarität hatte ich mich entschlossen, hinzufahren, dabei zu sein, obwohl ich ahnte, daß es auch für mich nicht leicht sein würde, dies auszuhalten, an mich herankommen zu lassen.
Die Kirche war übervoll; in den letzten Tagen, nachdem der Pfarrgemeinderat informiert worden war, hatte sich die Nachricht wie ein Lauffeuer in der Gemeinde herumgesprochen. Die Feier der Eucharistie war authentisch und dicht. Der Freund predigte kraftvoll, machte Mut, die befreiende Botschaft des Evangeliums im eigenen Leben umzusetzen. In der Kirche herrschte eine eigentümliche Spannung, viele Gläubige, die um die Entscheidung wußten, nahmen Worte, Gesten und Riten neu intensiv und betroffen wahr.
Nach dem Segensgruß bat der Pfarrer die Gemeinde, sich noch einmal zu setzen, und legte sachlich und doch engagiert die Situation dar. Nach seiner Erklärung herrschte einen Moment lang Totenstille in der Kirche, dann aber kam Beifall auf, die Gläubigen erhoben sich von ihren Plätzen.
In dem Moment war ich den Tränen nahe. Ich schluckte krampfhaft, um den Ausbruch zu vermeiden. Ich ahnte, daß ich dann um diese Kirche weinen würde, um all das, in dem wir als Kirche schuldig werden an den Menschen. Die Rede des Pfarrgemeinderatsvorsitzenden hörte ich noch mit halbem Ohr, er sagte, daß sich die Gemeinde diesen Priester auch als Ehemann und wohl späteren Familienvater durchaus als Leiter der Gemeinde vorstellen könnte, er drückte sein Bedauern darüber aus, daß dies in unserer Kirche derzeit nicht möglich ist und rief zu einer Unterschriftenaktion auf.
Als die Jugendband ein Abschiedslied anstimmte, war es um mich geschehen, ich mußte raus, ich konnte nicht mehr.

Und da stehe ich draußen alleine auf dem Kirchenvorplatz, habe mir eine Zigarette angesteckt, lehne mich an einen Laternenmast, sehe einen der Ministranten aus der Sakristei herauskommen, verdächtig schniefend, mit dem Ärmel über die Augen wischend.
„Tröste, tröste mein Volk!" – ja, das ist das eine. Dabei bleiben, das Dunkel aushalten, da sein. Das allein aber reicht nicht. Der Trost kann individuell hilfreich sein, aber er verändert nichts an den Strukturen, die solche Situationen überhaupt erst mit sich bringen.
Mein individueller Trost ist das eine, der Protest gegen Strukturen das andere. Genau das habe ich an diesem Sonntag verstanden. Und auch in unserer Kirche brauchen wir neben dem Trost den Protest.
Es war wichtig für mich, für den Freund und seine Frau, für einige Menschen aus der Gemeinde, daß ich an diesem Tag dabei war. Das allein aber reicht nicht aus. Viele Menschen in dieser Gemeinde hatten das gut verstanden: sie gingen mit, trösteten auf ihre Art und Weise – und dachten zugleich über Formen des Protestes nach. Es war kein Protest gegen die Kirche, es war ein Protest im Interesse der Kirche – und genau das macht diesen Protest auch so wichtig und wertvoll.
Dem Wort „Protest" haftet etwas Negatives und Destruktives an. Das aber wird dem Protest nicht gerecht. Der Protest in seiner eigentlichen Form ist ein Zeugnis für etwas, und nicht gegen etwas. Indem ich in dieser Kirche protestiere, erkläre ich mich solidarisch mit der Idee, die dieser Institution Kirche zugrundeliegt. Gerade mein Interesse an dieser Kirche, meine Liebe zu dieser Idee verlangt es von mir, mich dagegen zu wehren, wo Strukturen und Gesetze die lebensbefreiende Botschaft des Evangeliums nicht mehr verwirklichen.
Das Zölibat scheint mir hierfür ein Beispiel zu sein. Es

mag Menschen geben, die sich zum Zölibat berufen fühlen, das Zölibat mag in sich einen eigenen Wert darstellen – die Koppelung des „Priester-Seins“ an das Zölibat halte ich jedenfalls für fragwürdig.
Karl Rahner hat einmal gesagt: „Der Zölibat ist nur noch historisch und psychologisch erklärbar, aber nicht theologisch.“ Es ist ein Gesetz, das ich nicht mehr verstehe. Und es ist ein Gesetz, das nach meiner Meinung heute einem Grundrecht der Gemeinden entgegensteht, nämlich dem Recht auf eine sonntägliche Eucharistiefeier. Die scheinbare Entscheidung gegen die Menschen, zu deren Seelsorge mein Freund bestellt war, macht genau das derzeitige kirchliche Dilemma deutlich: Eigentlich müßte sich die Kirche gerade für diese Menschen entscheiden, müßte alles tun, damit sie einen Ort haben, an dem sie als Gemeinde miteinander ihren Glauben auch in der Eucharistie feiern können. Wenn Gesetze der Kirche die Menschen in ihrer Situation alleine lassen, dann sind diese Gesetze zu hinterfragen.
Ich kann gut einsehen, warum ich als Fußgängerin an einer roten Ampel stehenbleiben muß, wenn Kinder neben mir stehen. Sonntag morgens in einer menschen- und autoleeren Stadt gehe ich dann auch bei Rot ruhig hinüber, wenn grad kein Auto kommt.
Gesetze sind nur im jeweiligen Zusammenhang mit der Lebenswelt der Menschen sinnvoll. Verliert ein Gesetz seinen „Sitz im Leben“, so wird es unbrauchbar.
Die Entscheidungsalternative, vor die mein Freund gestellt wurde, ist eigentlich nicht mehr aufrecht zu erhalten. Und doch wurde er vor diese Alternative gestellt und mußte sich entscheiden.
Ich habe Respekt vor dieser Kirche als sozialem System, das sich zweitausend Jahre lang gehalten hat, ich mag diese Kirche, weil ich ihr viel verdanke, weil ich ihre

Ideen für wichtig halte – und doch: Manches müßte nicht mehr so sein.
Und genau an dem Punkt wird mein Trost zum Protest. Ich protestiere gegen Gesetze, die ihren Sitz im Leben verloren haben, die nicht mehr sinnvoll sind, die Menschen Entscheidungen aufzwingen, die logisch nicht mehr nachvollziehbar sind, die Menschen in bedrängende Situationen bringen, statt die Freiheit der Frohen Botschaft leibhaftig zu verkünden.

Ich protestiere dann gegen eine Kirche, wenn sie das Gesetz mehr liebt als den Menschen.

ALLES HAT SEINE STUNDE.
FÜR JEDES GESCHEHEN
UNTER DEM HIMMEL
GIBT ES EINE BESTIMMTE ZEIT:
EINE ZEIT ZUM GEBÄREN
UND EINE ZEIT ZUM STERBEN,
EINE ZEIT ZUM PFLANZEN
UND EINE ZEIT ZUM ABERNTEN DER PFLANZEN,
EINE ZEIT ZUM TÖTEN
UND EINE ZEIT ZUM HEILEN,
EINE ZEIT ZUM NIEDERREISSEN
UND EINE ZEIT ZUM BAUEN,
EINE ZEIT FÜR DIE KLAGE
UND EINE ZEIT FÜR DEN TANZ;
EINE ZEIT ZUM STEINEWERFEN
UND EINE ZEIT ZUM STEINESAMMELN;
EINE ZEIT ZUM UMARMEN
UND EINE ZEIT, DIE UMARMUNG ZU LÖSEN,
EINE ZEIT ZUM SUCHEN
UND EINE ZEIT ZUM VERLIEREN,
EINE ZEIT ZUM BEHALTEN
UND EINE ZEIT ZUM WEGWERFEN,
EINE ZEIT ZUM ZERREISSEN
UND EINE ZEIT ZUM ZUSAMMENNÄHEN,
EINE ZEIT ZUM SCHWEIGEN
UND EINE ZEIT ZUM REDEN,
EINE ZEIT ZUM LIEBEN
UND EINE ZEIT ZUM HASSEN;
EINE ZEIT FÜR DEN KRIEG
UND EINE ZEIT FÜR DEN FRIEDEN.

Kohelet 3, 1–8

„Ein jegliches hat seine Stunde…"

Zeit – das ist zu einem knappen Gut heutzutage geworden. „Da habe ich keine Zeit!" sagen wir nach einem Blick in den Terminkalender. Wir verplanen unsere Zeit, und wir verplanen unser Leben. Und vielleicht heißt der Stoßseufzer: „Hätte ich doch mehr Zeit!" eigentlich „Wäre da doch mehr Leben!"
Der Tag ist eingeteilt – Stunden und Minuten verrinnen. Und entsprechend teilen wir unser Leben ein. Im Sommer drei Wochen Urlaub, in zwei Jahren das neue Auto, die Prüfung, mit 30 das erste Kind, mit 65 in Rente. Das Leben aber ist kein Zug, der um die und die Uhrzeit an genau diesem Bahnhof hält. So läßt sich das Leben nicht planen, so wäre es statisch und nicht lebendig.
Das Leben hat seinen eigenen Rhythmus, so wie der Tag, das Jahr von einem Rhythmus bestimmt sind – und doch ist es wieder anders. Die Rhythmen des Jahres sind vorhersagbar: auf den Winter folgt der Frühling, auf den Sommer der Herbst. Die Sonne geht jeden Morgen auf, um abends unterzugehen. Das Leben aber hat keine solch vorhersagbaren Rhythmen. Es gibt unterschiedliche Zeiten im Leben, eine Zeit, aufzubrechen, und eine Zeit, sich an den warmen Ofen zurückzuziehen, eine Zeit, einem Menschen nahe zu sein, und eine Zeit, sich von diesem Menschen wieder zu entfernen, eine Zeit, in der ich im Frieden bin mit mir, und eine Zeit, in der ich mich selbst nicht leiden kann.
Das ist ein „qualitativer Rhythmus" und kein „zeitli-

cher". Mein Terminkalender regelt die Menge, aber nicht die Intensität meiner Zeit. Ich kann nicht vorherplanen, wann es für mich an der Zeit ist, das Neue zu suchen oder das Altvertraute besser auszustatten, zu säen oder zu ernten, mich abzugrenzen oder mich hinzugeben. Ich weiß nur, daß beides jeweils seine Zeit hat und daß es ein Zeichen dafür ist, daß das Leben lebt. Eine solche Zeit läßt sich nicht mit Uhrzeit und Datum angeben, sie ist nicht planbar und läßt sich manchmal auch erst im nachhinein erkennen. Solche Lebenszeiten müssen erlebt und durchlebt werden. Jugend und Alter, „Lebensmitte" und die damit oft verbundene Krise sind weniger eine Frage der Zahl der Lebensjahre als vielmehr des Gefühls.

Diesen Rhythmus des Lebens gilt es zu erkennen und anzunehmen. Und dies bedeutet zweierlei: mich hineingeben, zulassen, es leben – und es anschauen, konfrontieren, beim Namen nennen, vielleicht auch erst im nachhinein.

Mich hineingeben – zu tun, was jetzt zu tun ist. Da gibt es Angenehmes und Unangenehmes: bügeln, einen Kurs vorbereiten, einen Brief beantworten, lesen, fotografieren, Ablage machen, eine intensive Begegnung mit einem Menschen ...

Aber auch: Immer mal wieder hinschauen darauf, was ich denn gerade tue und wozu ich es tue. Warum mag gerade jetzt eine Zeit dafür sein, in der ich viel von „Heimat" spreche oder mich mit dem Tod auseinandersetze? Die Rhythmen meines Lebens leidenschaftlich leben und zu erkennen versuchen ...

Der Versuch, mich über solche „Zeiten des Lebens" hinwegzumogeln, wird mißlingen. Vielleicht ist das Scheitern nicht sofort sichtbar: die Frau, die immer nur für ihre Familie da war, sich nie Zeit für sich selbst genommen hat, der Mann, der nie weinen durfte, das Kind, das nie Vertrauen fassen konnte, der Priester, der nie „nein“ sagte – sie fallen nicht auf in unserer Gesellschaft. Und doch kann es sein, daß sich dieses ungelebte Leben rächt – sei es in Form von Krankheiten, sei es in Verhärtung und Verbitterung. Ich kann auf Dauer nicht „gegen die Zeiten“ leben. Sonst muß ich „nachsitzen“.

Behutsam muß ich sein mit mir und diesen Lebenszeiten – wach und aufmerksam und zart zugleich. Gewalt ist nicht gefragt. „Weckt nicht die Liebe, bis sie selber sich regt“, so heißt es im Hohenlied der Liebe. Manchmal mag sehnsuchtsvolles Warten, Ungeduld angesagt sein. Manchmal braucht es seine Zeit, bis Neues wachsen und erwachen kann – viele Märchen erzählen von den „unscheinbaren Helden“, die diese Kunst der Behutsamkeit leben und gerade deshalb „Erfolg“ haben. Manchmal braucht es die Konfrontation, um Dinge zu bewegen.

Ein jegliches hat seine Stunde – ich finde das auch tröstend. Ich darf mir die Zeit lassen, ich darf mich hineinbegeben in diesen einen Pol des Lebens – und weiß: auch das andere wird wieder seine Zeit und seinen Ort haben.

In einer älteren Bibelübersetzung war dieser Abschnitt aus Kohelet überschrieben mit: „Ordnung im Zeitenwechsel“. Ja, denke ich, das trifft's: Die Ordnung ist im Wechsel, im Wachsen, in der Veränderung. Und: die Veränderung hat eine Ordnung.

Sonntag

„Zusammengebrochen, ausgebrannt!“ sagte er, hilflos mit den Achseln zuckend. Ich versuchte, mich zu erinnern, wie ich den Kollegen erlebt hatte: Sehr verantwortlich hat er sich für seine Arbeit gefühlt, ging mit Leib und Seele auf in dem, was er tat, ich kann mich nur an wenig private Gespräche erinnern.
Jetzt hatte er einen vollkommenen Zusammenbruch erlebt, nachdem er im letzten Jahr immer mal wieder krank gewesen war – nun aber ging gar nichts mehr. Ausgebrannt ... so wie ein Ofen, ein Feuer, das lange vor sich hingebrannt hat, anderen Wärme gab, Kraft hergegeben hat, sich selbst verzehrt hat. Ja, das war es – sich selbst verzehrend.
Vielleicht kann man noch von Glück sagen, daß jetzt sein Körper die Notbremse gezogen hat, mit dem Zusammenbruch signalisiert hat: So geht es nicht weiter!
Jetzt hatte er Zeit zum Nachdenken – aber ob er diese Chance wohl nutzen würde?
Plötzlich verstand ich eine Stelle aus der Bibel ganz neu: Sechs Tage sollt ihr arbeiten, am siebten Tag aber sollt ihr ruhen! (Ex 31,15a).
Das ist mehr, will viel mehr, als den Menschen einen freien Tag zu schenken. Es ist der überlebensnotwendige Hinweis darauf, daß ich immer wieder einmal den Blickwinkel ändern muß, um nicht im Alltagsgestrüpp meines Lebens unterzugehen. Mein Leben von einer anderen Warte aus anschauen, es neu und anders in den Blick zu

nehmen – das kann mich davor bewahren, mich allein darin zu verlieren. Der Sabbat ist der Tag, an dem ich meinen Alltag verlasse, um ihn aus einer anderen Wirklichkeit heraus anzuschauen. Nur wenn ich in einem solchen Sinne aus meinem Leben selbst heraustrete, zum Beobachter meiner selbst werde, meine kleine Welt in einen größeren Zusammenhang stelle, kann ich die Muster meines Alltages erkennen und durchbrechen, kann ich neue, überraschende Lösungen finden, indem ich eben die Perspektive verändere.

Diejenigen, die Tag und Nacht für das Reich Gottes, für eine bessere Welt im Einsatz sind, werden es auf diese Weise nicht herbeizwingen können. Sie werden in ihrer Wirklichkeit bleiben, ihre Lösungen allein daraus beziehen. Das wird nur Symptome kurieren, aber keine Veränderung herbeiführen.

Es braucht die Gelassenheit, es braucht die Distanz, es braucht den anderen Blickwinkel, um zu ganz neuen und anderen Lösungen zu kommen, zu Lösungen, die wirklich verändern und nicht nur ein neues Herumdoktern sind.

Die Bibel, als eine Sammlung von uraltem Menschenwissen, weiß darum – und eben deshalb wird dem Menschen geboten, immer wieder einmal auszusteigen aus der Unruhe des Alltags, aus der Geschäftigkeit des Lebens, dem Druck all dessen, was zu tun ist.

Das ist mehr als ein freier Tag, mehr als gestaltete Freizeit – das ist ein anderes Denken. Es stellt mein Tun in einen größeren Zusammenhang, in dem ich loslassen kann, um dann wieder kraftvoll zuzupacken. Halte ich dauerhaft etwas fest, so wird mein Griff bald erlahmen, werden die Muskeln müde.

Packe ich zu und lasse los, um neu zuzufassen, verliert sich meine Kraft nicht, sondern kann sich konzentrieren, kann ihre Wirkung voll entfalten.

Wer sich nur aufopfert, lebt unchristlich und unmenschlich. Christ-Sein bedeutet, zu halten und zu lassen, nahe zu sein und distanziert, sich nicht nur zu verzehren, sondern auch genießen zu können. Und deshalb heißt es im apokryphen Thomas-Evangelium wohl auch: „Wenn ihr gefragt werdet, was ist das Zeichen eures Vaters in euch, dann sagt ihnen, es ist Bewegung und Ruhe" (Logion 50).
Deshalb brauche ich einen Sonntag mitten im Alltag.

Vom Wert des Alltags

Vor einiger Zeit schickte mir ein Freund die Beschreibung seiner Beratungsangebote. Über der Ausschreibung stand das Wort „Tabor", der Name eines heiligen Berges in Galiläa. Der Überlieferung gemäß soll dieser Berg der Ort sein, an dem die Verklärung Jesu stattgefunden haben soll, wenn dies wissenschaftlich auch eher unwahrscheinlich ist. Und nun der Name dieses Ortes in Zusammenhang mit Beratungsangeboten, die Hilfe zur spirituellen Lebensgestaltung sein wollen? Die Verklärung Jesu als Hilfe für meinen Alltag?
Neugierig geworden, las ich die entsprechende Bibelstelle noch einmal nach: Petrus, Jakobus und Johannes werden von Jesus auf einen hohen Berg geführt. Vor ihren Augen wird Jesus verklärt, Mose und Elija erscheinen und sprechen mit Jesus. Petrus, vielleicht noch der Mutigste in dieser Situation, schlägt vor, drei Hütten zu bauen – eine für Jesus, eine für Mose und eine für Elija. Da wirft eine Wolke ihren Schatten auf sie, und aus der Wolke ruft eine Stimme: „Das ist mein geliebter Sohn, auf ihn sollt ihr hören." Als die drei Jünger sich schließlich trauen, die Augen zu öffnen, sehen sie niemanden mehr außer Jesus.
Bei den anderen Jüngern ist in der Zwischenzeit einiges los: Schriftgelehrte haben Streit angefangen, eine große Menschenmenge hat sich um sie versammelt, ein Mann erhofft sich Heilung für seinen besessenen Sohn. Als Jesus und die Jünger zurückkehren, bleibt ihnen wohl

nicht viel Zeit, über ihr Erlebnis nachzudenken. Die Menschen umringen Jesus, und er wendet sich ihnen zu (Mk 9,2–29).
Und was soll das mit meiner spirituellen Lebensgestaltung im Alltag zu tun haben?
Dem Alltag haftet oft das Gewöhnliche, Normale an. Alltag – das ist das, was alle Tage passiert: aufstehen, frühstücken, zur Schule oder zur Arbeit gehen, in vollen Bussen sitzen oder mit dem Wagen im Stau stehen, jeden Tag dieselben Gesichter, jeden Tag das Gleiche – Routine, Normalität, Gewohnheit. Man kennt alles, fühlt sich manchmal leicht gelangweilt und freut sich über jede angenehme Unterbrechung: das freie Wochenende, ein Feiertag mitten in der Woche, der Kinobesuch am Abend, ein unerwarteter Brief, der Urlaub. Im Alltag lebt die Sehnsucht nach dem Besonderen, nach Abwechslung, neuen Eindrücken.
Viele Geschäftsleute haben dies erkannt und verdienen nicht schlecht an dieser Sehnsucht. „Raus aus dem Alltag!" – so könnte der gemeinsame Werbespruch von Reiseveranstaltern, Autoverkäufern und Restaurantinhabern lauten. Und gerne geben wir der Versuchung nach, uns ein wenig aus diesem Alltag freizukaufen.
Dahinter steht wohl eine richtige Ahnung: Manchmal brauchen wir, zeitlich und räumlich, die Distanz zu unserem Alltag, um neu die Dimensionen unseres Lebens in den Blick zu bekommen. „Man sieht den Wald vor lauter Bäumen nicht!" sagt eine alte Redensart. Mein Blick ist so sehr auf Einzelheiten gerichtet, daß ich das Gesamte nicht mehr sehe, meine große Lebenslinie, meine Träume und all die ungenutzten Möglichkeiten, die in mir und in anderen stecken. Da kann es helfen, unter den Bäumen hervorzukommen, ein paar Schritte in die Wiese hinaus zu tun und sich den Wald als Ganzes wieder ein-

mal zu betrachten. Oft kann ich erst aus der Distanz zum Normalen und Gewohnten neue und andere Erfahrungen mit mir, mit anderen oder auch mit Gott machen, die im Alltag vielleicht in der Form nur schwer möglich sind. Auch im religiösen Leben weiß man um die Wirkkraft solcher Tage, die dabei helfen sollen, den Blickwinkel zu verändern, sei es in der Form von Exerzitien, Wüstentagen, Meditationswochenenden und ähnlichem mehr. Aus der Enge den Schritt ins Weite tun, um mich im Dunkel des Waldes nicht zu verlieren.
Es gibt Menschen, die leben nur von solchen Erfahrungen. Sie fahren von Besinnungstag zu Besinnungstag, kehren beschwingt zurück, sinken allmählich unter der Last ihres Alltages zusammen, um sich dann wieder für die nächste Veranstaltung anzumelden. Solche „tiefen Erfahrungen" können auch in einer gewissen Weise süchtig machen, können zu einer Flucht vor dem Alltag werden – es zählt nur noch die Verklärung.
Jesus entwertet den Alltag nicht, ganz im Gegenteil. Er bleibt nicht an dem Ort der Verklärung, läßt keine Hütten bauen, sondern er geht zurück in den Alltag, zu den Menschen, er heilt und geht seinen Weg weiter.
Er wertet nicht die außergewöhnlichen Erfahrungen auf und den Alltag ab, sondern er setzt beides in Beziehung zueinander. Auch das Außergewöhnliche bedarf des Gewöhnlichen.
Wir Menschen brauchen den Alltag und die Sicherheit, die wir daraus ziehen. Es ist wichtig zu wissen, daß die Kollegin im Büro um 10. 30 Uhr Kaffee kocht, daß gegen 17.00 Uhr Feierabend ist, daß morgens um 6. 30 Uhr der Wecker klingelt. Ich muß nicht jeden Tag neu den Ablauf organisieren, muß nicht jedesmal neu Entscheidungen treffen, sondern kann mich auch darauf verlassen, daß manches eben so ist. Jede Routine ist zwar

langweilig, aber sie gibt auch Sicherheit. Ich brauche Gewohnheiten, um einen Rhythmus in meinem Leben zu haben, einen Rahmen, der Orientierung bietet. Deshalb sind Tages-, Wochen-, Jahresrhythmen so wichtig für uns Menschen – sie strukturieren das lebendige Durcheinander des Lebens.

Wird dieser Rhythmus einmal durch etwas Unangenehmes unterbrochen, so merken wir, wieviel Kraft es kostet, jeden Tag neu zu gestalten, und werden versuchen, einen neuen Rhythmus zu finden. Wenn jemand ins Krankenhaus muß, erlebt er, wie sein bisheriger Tagesablauf mit einemmal nichts mehr gilt – und doch schafft er sich bald wieder einen Rahmen für das Erleben des Tages: die Visite war aber kurz heute, das Mittagessen kam zeitig, es waren viele Besucher da. Einige Tage lang hat der Ausbruch des Golfkrieges den gewohnten Lebensrhythmus der Menschen durcheinandergebracht, man saß vor dem Fernseher, kaufte vorsichtshalber ein Pfund Zucker mehr ein, Angst bestimmte die Gespräche. Aber relativ rasch wurde auch dieser Krieg in den Alltag integriert. Man ging zu einer neuen Tagesordnung über, die sich dadurch geändert hatte, daß man etwas aufmerksamer Nachrichten hörte.

Aber daran wurde deutlich, wie schnell das normale Leben durch Unvorhergesehenes durchkreuzt werden kann. Das muß nicht immer gleich ein Krieg sein: Krankheit, ein Unfall, Krach mit dem Partner, ein Telefongespräch, über das ich mich ärgere, all das kann die scheinbare Sicherheit meiner Gewohnheiten entlarven.

Manchmal aber sind es auch erst solche schmerzvollen Erfahrungen, die mir den Schritt in die Weite eröffnen. Existentiell konfrontiert, werde ich neu nach dem Sinn meines Lebens fragen, habe ich die Chance, in allem Leid das Ganze in den Blick zu nehmen.

Der Berg Tabor steht nicht nur für nette und freundliche Erfahrungen – auch die Jünger waren wohl zutiefst erschrocken, ihr Bild von der Welt wurde auf den Kopf gestellt, sie hatten Angst. Mag sein, daß der Vorschlag Petri, drei Hütten zu bauen, nur der Versuch war, dieses Ungewohnte in bekannte Denkkategorien einzuordnen. Jesus aber geht zurück in seinen Alltag. Er bleibt nicht stehen, verharrt nicht – sondern läßt sich neu auf die Wirklichkeit ein.
Der Mensch schafft sich seinen Alltag, um aus ihm heraus mit der Lebendigkeit des Lebens umgehen zu können – und er braucht die ungewöhnlichen Erfahrungen, um daran zu wachsen. Es sind die Momente in meinem Leben, in denen mir die Augen aufgehen, in denen ich etwas Vertrautes in einem anderen Licht sehen kann. Solche Erfahrungen sind aber dann sinnlos, wenn ich sie nicht in einen Bezug zu meinem Alltag setze.
Sehr salopp gesagt, könnte eine spirituelle Lebensgestaltung im Sinne Jesu heißen: „Raus aus dem Alltag, rein in den Alltag" – aber hinein in einen Alltag, der sich eben durch diese außergewöhnlichen Erfahrungen verändert. Es heißt nicht: „Zurück zur Tagesordnung", sondern ist die Frage, wie gestalte ich mein Leben neu und anders aufgrund dieser Erfahrungen?
Es gibt diese Berge „Tabor" in meinem Leben – und sie sind nicht nur auf Besinnungstagen zu finden.

Wider die Resignation

In den Wüsten des Lebens
Wasser und Brot nicht verachten
den Worten des Engels trauen

noch einmal
aufbrechen
losgehen
das Leben suchen

um zu finden
was ich nicht suchte

Vgl. „Elija am Horeb“ (1 Könige 19, 1–13 a).

Brot und Rosen

Brot zum Essen ist eine existentielle Lebensvoraussetzung. Ein solches „Brot“ kann unter anderen klimatischen Bedingungen, in anderen Ländern auch der Mais oder der Reis sein. Der Mensch braucht Brot, Reis, Mais, um satt zu werden, leben zu können.
Brot allein aber ist nicht genug – Lebensqualität wird zwar auch, aber eben nicht nur durch das Satt-Sein bestimmt. Es gibt einen Hunger, der mit Brot nicht zu stillen ist. Der Mensch sehnt sich auch nach Rosen.
Brot und Rosen – ein Bild, das mir immer wieder begegnet. Ich erinnere mich an die heilige Elisabeth von Thüringen, die Brot zu den Armen bringen wollte. Zur Rede gestellt wegen ihres Tuns, öffnete sie ihre Schürze und aus dem Brot waren Rosen geworden.
Ich denke an die Geschichte, die man von Rainer Maria Rilke erzählt. In den Straßen von Paris schenkte er einer Bettlerin eine Rose. Daraufhin sah man die Bettlerin tagelang nicht mehr an ihrem gewohnten Platz. Als sie nach einiger Zeit wieder dort saß, fragte seine Begleiterin Rilke erstaunt, wovon denn die Bettlerin in diesen Tagen gelebt habe. „Von der Rose“, antwortete er.
Mir fällt das Lied der streikenden Frauen in den Textilfabriken in Massachusetts ein, die zu Beginn dieses Jahrhunderts kraftvoll forderten: „Her mit dem ganzen Leben! Brot und Rosen! Brot und Rosen!“
Und mir kommt das Lied in den Sinn, in dem es heißt: „Wenn das Brot, das wir teilen, als Rose erblüht …“

In der Bibel heißt es: „Der Mensch lebt nicht nur von Brot“ (Lk 4,4). Ein Mensch kann körperlich satt sein und doch hungrig bleiben, hungrig nach dem Schönen, der Erfüllung seiner Sehnsucht, hungrig nach Zuwendung und Nähe. Und manchmal mag dieser Hunger nach Liebe und Erfüllung sogar ärger nagen als der Hunger nach Brot.
Brot und Rosen – zwischen beidem besteht eine enge Beziehung. Den Menschen „satt“ zu machen, das allein reicht nicht aus. Manchmal kann erst eine Rose den Hunger stillen.
Die Mächtigen und Herrschenden wissen um diese Sehnsucht der Menschen und machten sie sich immer schon zunutze. „Brot und Spiele“, so hieß die Parole im alten Rom, um die Menschen „bei Laune“ zu halten. „Kraft durch Freude“ war das Motto im Hitler-Deutschland. Oft genug aber sollten solche „Rosen“ den Menschen nur „ruhighalten“, ihren Protest, ihre Kraft zur Veränderung unterdrücken. Sie wurden „unterhalten“, damit ihnen die Not und Leere ihres Lebens nicht bewußt werden konnte. Sie lenkten ab und zerstreuten, statt den Alltag reich zu machen.
Gelegentlich frage ich mich, ob nicht auch „feierliche Liturgie“ oder „Weihrauch“ in eine ähnliche Richtung gehen, ob sie nicht manchmal die Funktion solcher „Scheinrosen“ übernehmen, die die Menschen lediglich beruhigen sollen. Das mag dann zutreffen, wenn Kirche beschwichtigt, statt sich gegen Ungerechtigkeit zu erheben, wenn sie vertröstet, statt im Leiden solidarisch zu sein, wenn sie die Menschen von ihrem Alltag ablenkt, statt sie genau darauf mit neuer Kraft zu verweisen.
Die Eucharistiefeier ist ein Fest von „Brot und Rosen“. Wir teilen den Hunger miteinander, existentiell und sehnsüchtig – und jeder stellt seine Gaben zur Verfü-

gung. „Wenn jeder gibt, was er hat, dann werden alle satt“ – das ist umfassend gemeint. Der, der Brot hat, möge von diesem Brot abgeben, der, der Liebe hat, möge sich anderen zuwenden, derjenige, der handwerklich begabt ist, möge diese Kenntnisse den anderen zur Verfügung stellen. Es wird nichts Unmenschliches von uns verlangt: Jeder gebe, was er hat. Das, was wir schenken können, kann für den anderen notwendig sein: In Zeiten des Dunkels brauche ich Worte, die mir von anderen gesagt werden, manchmal tut es mir gut, zu Freunden zu kommen, die für mich kochen; wenn ich umziehen muß, brauche ich jemanden, der mit einer Bohrmaschine umgehen kann. Was ich gebe, das ist das Brot – die Rosen sind das „Wie“. Wie sage ich das Wort, wie verleihe ich meine Bohrmaschine, wie stelle ich das, was ich kann, was ich habe, den anderen zur Verfügung?
In der Eucharistiefeier schenken wir bei der Gabenbereitung das, was wir haben – im Friedensgruß schenken wir das, was wir sind. Ich gebe dir das Brot, das ich habe – und ich gebe es dir mit Herz. Mit dem Brot gebe ich dir die Rose. Das ist Versöhnung, ist Stillung des Hungers auf einer ganz anderen Ebene.
Davon kann ich leben.

Angst macht Mut

Wer die Angst nicht kennt
ist auch nicht mutig
Schlimm ist nur die Angst
vor der Angst

die Angst will dir helfen
will dir Wichtiges sagen
sie weiß
es wird Zeit
etwas zu tun

hab Vertrauen zu deiner Angst
und stell dich
dem wachsenden Mut nicht entgegen
er wird stark sein
zur richtigen Zeit

Mut
kennt die Angst

Wenn die Spannung geht…

Wenn ich eine Zeitlang sehr intensiv gelebt habe, sehr angespannt war, dann fällt mir manchmal die Entspannung schwer. Nach Wochen mit vielen Begegnungen, leidenschaftlichem „Dabei-Sein" bei anderen bin ich manchmal so kraftlos und leer, daß ich es nicht einmal mehr schaffe, eine Waschmaschine mit Wäsche aufzustellen. Statt dessen „lungere" ich herum, genieße es, einmal nichts tun zu müssen, vermeide den Kontakt mit der Außenwelt, habe keine Lust aufs Telefon. All die Hände und Arme, die nach außen, auf andere hin ausgestreckt waren, hole ich mühsam, eine nach der anderen, wieder zu mir zurück. Und je intensiver die Anspannung war, um so schmerzhafter ist auch der Prozeß der Entspannung.

Lebhaft erinnere ich mich an einen Urlaub in Dänemark. Es war ein alter Traum von mir, einmal nach Skagen zu fahren, dorthin, wo sich Nord- und Ostsee treffen, zu sehen, was aus diesen Meeren wird, die ich von den deutschen Küsten her jeweils gut kannte. Ich hatte ein anstrengendes Jahr hinter mir, es war die übliche Hektik vor dem Urlaub – all das zu tun, was zu tun ist, wenn man für drei Wochen die Wohnung verläßt. Mit dem Auto bummelte ich gemütlich die Ostseeküste entlang, machte einen Abstecher nach Nordfriesland, um mich dann endlich auf das Abenteuer Dänemark einzulassen. Ich war die dänische Westküste etwa 150 km entlang gefahren, machte abends einen wunderschönen Spazier-

gang am Meer – und fiel dann in das absolute Loch, ich konnte nicht mehr. Ich saß in einem Hotel in Dänemark, hatte meinen Traum greifbar vor Augen – und war im Nichts. Am Nachmittag hatte ich noch überlegt, wo ich mir ein Ferienhäuschen für diese Wochen mieten würde – und einige Stunden später plante ich schon die Heimfahrt. Was mache ich eigentlich hier? Was soll das Ganze?
Ich habe an diesem Abend noch versucht, einen Freund anzurufen, aber es kam keine Verbindung zustande. Ich war fest davon überzeugt, daß ich am nächsten Morgen heimfahren würde, habe geweint, wußte nicht mehr, wo mir der Kopf stand.
Nach einer schlimmen Nacht habe ich dann gefrühstückt – und bin nach Skagen gefahren. Und es war gut so.
Seit diesem Erlebnis habe ich ein bißchen besser gelernt, mit der schwierigen Zeit der Entspannung in mir umzugehen. Es gehört zu mir. Ich brauche Zeit, um die entsprechende Spannung für ein Seminar, eine Autorenlesung aufzubauen – und ich brauche Zeit, um diese Spannung auch wieder abzubauen. Beides kann schmerzhaft sein – manchmal meine ich sogar, der Prozeß der Entspannung ist schmerzhafter als der der Anspannung. Das geht bis hin zu körperlichen Symptomen: Muskelschmerzen, so eine Art seelischer Muskelkater.
Mittlerweile weiß ich: es gibt ein „Kursloch“, ein „Urlaubsloch“ bei mir. Nach Zeiten intensiver Anspannung, nach Zeiten der „Höhe“, gibt es bei mir Zeiten der „Tiefe“, die Begegnungen mit dem „Außen“ brauchen die Begegnung mit dem „Innen“. Seitdem kann ich ganz gut einen Tag lang die Fensterläden bei mir zumachen, kann mir eine Pizza ins Haus bestellen, kann mich durchhängen lassen, gestehe mir zu, daß es

im Moment sogar zu viel Kraft kostet, den Koffer auszupacken.
Ich lasse los – und erlebe, daß ich gerade in diesem Loslassen neue Kraft und Energie finde.

Wenn Spannung zerreißt

Spannung ist nicht nur positiv und lebenerzeugend – Spannung kann mich auch zerreißen. Das ist so wie beim elektrischen Strom: Ist die Spannung zu hoch, dann zerstört sie, statt nutzbar zu sein. Es gibt Zeiten, in denen ich die Spannung nicht mehr ertragen kann. Und da kann ich über freundliche Ratschläge wie „Aushalten!" nur zynisch lächeln.
Lange Zeit habe ich dazu tendiert, in solchen Situationen dann doch wieder das „entweder – oder" in meinem Leben zu installieren. Ich habe mich für das eine und gegen das andere entschieden, habe mich ganz auf einen der Pole zurückgezogen und den anderen Pol einfach nicht mehr beachtet. Zugegeben: es gibt Situationen, in denen ich mich in solch einer Eindeutigkeit entscheiden muß. Aber ich habe mich auch immer wieder dabei ertappt, daß der Wunsch nach Eindeutigkeit *mein* Wunsch war und gar nicht unbedingt von der Situation so vorgegeben war. Ich habe schmerzvoll erfahren müssen, daß ich zwar den einen Pol lassen konnte, daß er aber deswegen nicht unbedingt „weg" war – er hat mich an anderen Stellen, zu anderen Zeiten wieder eingeholt. Und ich habe gelernt, daß ich die Wirklichkeit zwar auf meine Sichtweise reduzieren kann, daß dies die Realität aber in ihrer Komplexität und Differenziertheit erst einmal noch nicht verändert.
Es gibt Zwischentöne. Das „entweder – oder" ist eine Radikallösung, die nur manchmal angebracht ist. Auch

hier kann mich das „und“ befreien. Die Welt ist nicht nur schwarz oder weiß, sondern oft eben auch grau. Und auch Grau ist nicht gleich Grau.

Eine „graue“ Lösung ist nicht unbedingt besser oder schlechter als eine „weiße“ oder „schwarze“ Lösung – mag sein, es ist eine Lösung, die der Situation, die mir, den anderen gerecht wird, auch wenn sie keinen Anspruch auf eine endgültige Klärung erheben kann. Aber welche Lösung könnte das denn schon?

Manchmal gibt es eine Zeit, sich zu entscheiden – und manchmal gibt es eine Zeit, Entscheidungen zu umgehen oder Zwischenlösungen zu suchen. Es mag Situationen geben, in denen mein engagierter Kampf angesagt ist, andere, in denen ich nur „U-Boot-artig“ überleben kann. Und es gibt Lösungen, die zwischen dem einen und dem anderen liegen.

Objektiv ist hier keine Wahrheit möglich, hier gilt nur die subjektive Wahrheit. Entscheidungen können deshalb auch nur subjektiv richtig sein – stimmen sie auf mich und meine Situation hin?

Manchmal gibt es auch vorläufige Lösungen, die dabei helfen können, die Spannung so weit zu reduzieren, daß sie lebbar bleibt. So hat mich z.B. über Jahre hinweg die Frage begleitet, ob die Freiberuflichkeit wirklich die Arbeitsform ist, mit der ich auf Dauer leben möchte. Ich habe hin und her überlegt, habe viel darüber nachgedacht, mit Freunden darüber gesprochen. Und gleichzeitig haben mich diese Überlegungen gelähmt und viel Kraft gekostet.

Eines Tages ist mir aufgegangen, welchen Unsinn ich da eigentlich mache: Zu einer Zeit, in der ich erst dabei bin, meine Freiberuflichkeit aufzubauen, schon Kraft in die Frage zu investieren, ob das denn nun wirklich eine lebenslange Perspektive für mich sein kann. Und: heute

schon eine dauerhafte Entscheidung über einen für mich derzeit noch nicht überschaubaren Zeitraum treffen zu wollen ...
Damit war es klar: Die nächsten drei Jahre bleibe ich vorerst in der Freiberuflichkeit – und dann schaue ich neu hin, kann eine erneute Entscheidung für einen befristeten Zeitraum treffen.
Scheinbar lebenslange Entscheidungen können einen solchen Druck mit sich bringen, daß eine Entscheidung nicht mehr zu treffen ist. Mir hilft es dann manchmal, eine Entscheidung für einen befristeten Zeitraum zu treffen oder zu sagen: „Ich versuch's", wenn der Zeitraum vorgegeben ist und nicht veränderbar.
Manchmal fordern andere von mir eine solche Eindeutigkeit. Da bin ich inzwischen sehr mißtrauisch geworden. Meine „entweder-oder"-Entscheidung soll möglicherweise dem anderen zu seiner Sicherheit verhelfen oder mich vielleicht sogar unbegrenzt verfügbar und berechenbar machen. Oft steht ein statisches Denken dahinter, das der Entwicklung, dem Wachstum und der Veränderung einzelner keinen Raum mehr läßt. Man schreibt etwas fest, sichert sich ab, weil Unsicherheit bedrohlich zu sein scheint. Die Komplexität der Welt wird reduziert und kann damit auch zur „Lebensreduzierung" führen.
Manchmal sind solche Erwartungen anderer mit einem moralischen Anspruch verbunden, dem man sich nur schwer entziehen kann: „Du bist doch ein erwachsener Mensch! Du wirst dich doch entscheiden können!" oder „Jetzt leg dich doch endlich mal fest, und spring nicht dauernd hin und her!"
Um so wichtiger ist es, *genau* hinzuschauen. Spring' ich denn wirklich *dauernd* hin und her? Will ich mich jetzt entscheiden und festlegen – oder ist es eben nicht die

Zeit, eine Entscheidung zu treffen? Hinschauen, was bei mir ist … manchmal ist das nicht einfach, aber notwendig.
Skepsis gegenüber „heroischen Lösungen“ scheint mir jedenfalls angebracht zu sein. Sie sind *eine* Lösung – ob es unbedingt immer die beste Lösung ist, daran wage ich zu zweifeln.

Übergang

Die Tage saß ich mit einem Kollegen zusammen, um ein Seminar vorzubereiten. Wir kannten uns noch nicht allzulange, und so kamen wir zwischendrin auch immer wieder einmal ins Erzählen und Zuhören, um sich ein bißchen besser kennenzulernen. Und da dieses neue Buch mich so beschäftigte, sprach ich auch von diesem Projekt.
Er hörte aufmerksam zu. Und dann erzählte er von einem Gespräch mit einem Benediktinerbruder in Münsterschwarzach. Der hatte ihn darauf aufmerksam gemacht, daß in einem Benediktinerkloster immer der Kreuzgang das Zentrum der Anlage sei. Um von einem Ort zu einem anderen innerhalb des Klosters zu gelangen, muß man in den Kreuzgang hineingehen und ihn dann wieder verlassen, ein direkter Weg ist nicht möglich. Um vom Speisesaal in die einzelnen Mönchszellen zu gelangen, von den Zellen in die Kirche, von der Kirche in den Speisesaal – immer muß man durch den Kreuzgang. Ein Stück Weg liegt zwischen dem einen und dem anderen, ein Weg, auf dem man mehr oder weniger bewußt das eine verlassen kann, sich dem anderen annähern kann. Es liegt ein Raum dazwischen, der Abstand ermöglicht, neue Annäherung zuläßt, der dabei hilft, das eine nicht mit dem anderen zu vermischen, sondern der eine behutsame Trennung, eine Grenze ermöglicht.
Plötzlich erinnerte ich mich an den Spruch: „Halte einen

Moment inne, bevor du an die Tür klopfst!" – und ich ahne, daß sich dahinter der gleiche Grundgedanke verbirgt: Fall nicht vom einen ins andere! Gönn dir eine Zeit, einen Raum, der dazwischen liegt, damit du dem einen und dem anderen gerecht werden kannst! Eine Grenze ist nicht nur eine Linie, die mit einer kleinen Bewegung überschritten werden kann, jede Grenze ist Zeit, Raum, Weg.

Mitten im Übergang vom einen zum anderen gibt es einen Punkt der Ruhe, einen Punkt, an dem ich von dem einen genauso weit entfernt bin wie von dem anderen. Wanderer wissen darum – es ist der Ort, um Rast zu halten. In der Nähe von Emmendingen gibt es ein Gasthaus, nahe dem Grenzübergang zum Elsaß, das auch so heißt: „Zum Übergang" – Einladung zum Einkehren. Ein Innehalten mitten im Wechsel ist angesagt – ein wenig Ruhe in aller Bewegung, ein Sich-Besinnen, bevor das andere, das Neue beginnt.

Mich hat das nachdenklich gemacht. Was ist der Kreuzgang in meinem Leben? Was liegt an Raum, Zeit, Weg zwischen einzelnen Terminen, Begegnungen, dem Drinnen und Draußen? Gönne ich mir die Zeit „dazwischen"? Oder eile ich vom einen zum anderen vor lauter Angst, etwas zu verpassen? Will ich manchmal nicht sogar an beiden Orten zugleich sein?

Was ist der Kreuzgang in meinem Leben?

Ein offizielles Nachwort...

Lieber Leser, liebe Leserin,

das Ende eines Buches kann ein Anfang sein. Bestätigt, in Frage gestellt, neue Impulse, vertraute Gedanken – manchmal hilft mir ein Buch dabei, den nächsten Schritt zu gehen.
Mir hat das Schreiben dieses Buches geholfen, mich selbst und meine Gedanken zu sortieren und zu verarbeiten. Manchmal hat mich das viel Kraft gekostet.
Ich würde mich freuen, wenn ein wenig von dieser Kraft beim Lesen auf Sie überspringen und zum Leben in Fülle anstiften könnte.

Ich wünsche Ihnen viel Lust am Leben!

... und ein inoffizielles Nachwort

Danke sagen möchte ich an dieser Stelle meinen Freunden, die mich in der Entstehungszeit dieses Buches begleitet haben, die mein Dunkel mit mir ausgehalten, Ideen beigesteuert, meine Kraftlosigkeit ertragen haben. Oft haben sie mich zart getröstet und auch immer wieder einmal in die Wirklichkeit zurückgeholt.

Ohne sie wäre dieses Buch nicht so geworden, wie es geworden ist.

Anmerkung

Einige Texte dieses Buches gehen auf Rundfunksendungen „Zum Sonntag“ im Südwestfunk bzw. in S 2 zurück. Für diese Veröffentlichung wurden sie teilweise grundlegend neu überarbeitet.

S. 5 Der Text von Rabindranath Tagore ist dem Buch „Auf des Funkens Spitzen“ entnommen, erschienen 1989 im Kösel Verlag

S. 29 Der Text geht auf eine Betrachtung „Zum Sonntag“ vom 1.7. 1990 zurück sowie auf das empfehlenswerte Buch „Chaotische Gefühle“ von Joanne Wieland-Burston, erschienen 1989 im Kösel Verlag

S. 38 Die Übersetzung des Bibelverses und die Idee der kollektiven Vision entnahm ich dem Buch: „Ein Volk ohne Vision geht zugrunde“ von Dorothee Sölle, erschienen 1986 im Peter Hammer Verlag

S. 49 Der Text „Fremd und vertraut“ ist die überarbeitete Fassung einer Meditation zur Eröffnung der Maiandachten in Friesenheim-Schuttern am 1.5.1991

S. 53 Der Text ist die überarbeitete Fassung einer Betrachtung „Zum Sonntag“ vom 8.9.1991

S. 61 Der Text ist die überarbeitete Fassung einer Betrachtung „Zum Sonntag“ vom 14.7.1991

S. 92 Der Text war eine vorläufige Fassung für das Forum der südwestdeutschen Diözesen während des Katholikentages 1990 in Berlin und wurde in veränderter Form in einem Materialheft für Pfarrgemeinderäte in der Diözese Mainz veröffentlicht

S. 102 Der Text geht auf eine Betrachtung „Zum Sonntag“ am 27.5. 1990 zurück

S. 106 Der Text ist die überarbeitete Fassung einer Betrachtung „Zum Sonntag“ vom 12.1.1992

S. 122 Dieser Text ist eine überarbeitete Fassung einer Betrachtung „Zum Sonntag“ vom 24.2.1990

Wenn Chaos Ordnung ist

Das Chaos ist Bestandteil unseres Lebens und nicht auszuräumen, höchstens aufzuräumen. Und auch das gelingt nicht immer. Manches Chaos kann und darf sein, manches Chaos muß durchlebt werden, ja, ist vielleicht sogar notwendig, um neue Lebensphasen zu ermöglichen. Solange alles in Ordnung ist, muß man nicht reagieren, braucht man nichts zu machen. Das Chaos ist das andere, das, was plötzlich Gefühle, Reaktionen, Bewegung hervorruft. Und daß das mit dem Chaos so ist, ist wiederum durchaus in Ordnung. – Und genau darum geht es in diesem Buch.

144 Seiten, gebunden mit Schutzumschlag
ISBN 3-451-26344-0

Die Sehnsucht ist größer

Vom Weg nach Santiago de Compostela
Ein geistliches Pilgertagebuch

Im Sommer 1997 machte sich Andrea Schwarz auf den Weg nach Santiago de Compostela. Ihre Reflektionen und persönlichen Bekenntnisse verwandeln diesen Pilgerbericht in einen spirituellen Schatz, der Mut zur eigenen Sehnsucht macht und so zum Pilgerweg des Herzens einlädt. Denn er zeigt Erfahrungen, die auch im Alltag erlebbar sind. Ein Reisebericht der anderen Art, auf dem Weg zum Ich und – zu Gott.

190 Seiten, gebunden mit Schutzumschlag
ISBN 3-451-26483-8

Verlag Herder Freiburg